MATÉRIAUX

Pour notre *sagesse* & notre *prospérité futures* :

PREMIERE LIVRAISON;

Contenant, comme début indispensable,

MES TROIS OFFRANDES

PATRIOTIQUES,

Accompagnées de l'exposé d'une partie de mes motifs, pour les faire aussi completes & aussi étendues,

Et de quelques apperçus essentiels sur l'état actuel des choses.

Par M. DE ROSSI, Notable-Adjoint de Paris.

Écrit, dont la lecture est très-nécessaire au Public, comme préliminaire indispensable de beaucoup de choses de la plus haute importance, qui doivent être mises incessamment sous ses yeux.

1790.

Il est impossible de se former aucune idée juste du contenu de cet Ecrit, si on ne le lit d'un bout à l'autre.

MES TROIS OFFRANDES

PATRIOTIQUES,

Accompagnées de quelques apperçus essentiels sur l'état actuel des choses.

Les circonstances les plus cruelles, les plus barbares, apportent d'innombrables contrariétés au plus généreux dessein. Je suis obligé de faire, d'une manière précipitée & avortée, ce que je comptois exécuter avec tous les justes & nobles accessoires qui lui conviennent. En vain, la plus étrange fatalité aura-t-elle été attachée à toute mon existence, & mes plus constants efforts pour la vaincre, se seront-ils toujours trouvés inutiles : en vain, fera-t-on parvenu à me réduire aux plus affreuses extrémités; à bouleverser tout, dans ma fortune, dans mes affaires & dans ma situation; on ne changera rien à mes principes & à mes résolutions : en vain, deux fois, fera-t-on parvenu à détruire tout ordre dans l'intérieur même de ma maison; à renverser mes livres & mes papiers; à jetter la plus affreuse confusion dans

A 2

mes travaux les plus effentiels ; à fufpendre, à anéantir l'exécution des chofes auxquelles j'avois confacré ma vie entiere; à me placer, avec le cœur le plus déchiré, au milieu de deux êtres les plus fenfibles, les plus intéreffants, & dont le fort m'étoit plus cher que le mien, l'exiftence plus facrée que la mienne : en vain, après avoir partagé tous les inftants de ma vie entre ce qu'il y a de plus refpectable & de plus utile fur la terre, la bienfaifance particuliere & de continuels travaux pour la chofe publique, m'aura-t-on fait connoître & fentir toute l'horreur d'une exiftence entiérement ufée, *dans les chétives combinaifons qui ne tendent qu'à la conferver :* en vain, par cet horrible ref-fort & cette exécrable manœuvre, aura-t-on étouffé l'homme public & l'homme moral fous les angoiffes journalieres & les rapports matériels de l'homme phyfique & de l'homme privé, mon ame reftera la même, & ma vo-lonté ne fera point ébranlée : en vain, m'au-ra-t-on fait remplir fans gloire, fans profit, fans célébrité, fans récompenfe, fans dédom-magement d'aucune efpece, les plus grands, les plus pénibles, les plus continuels devoirs du Citoyen le plus inviolablement dévoué aux pre-miers, aux univerfels intérêts de la Nation ; inaltérable dans mes principes, ferme dans mes deſſeins , auſſi incapable d'être ſubjugué par toutes les horreurs de l'adverſité, que dans d'autres temps par toutes les ſéductions de la fortune & de la vanité, je continuerai d'aller droit à mon but. C'eſt une dérivation néceſſaire de ce plan indeſtructible , qui me fait perſiſter dans la terrible réſolution d'accabler, de toutes les eſpeces de bienfaiſance qui ſeront en mon pouvoir , ceux qui m'ont accablé de tous les maux qui ont dépendu d'eux.

Je veux donc faire trois grandes Offrandes patriotiques à la Nation. Ce dont il ſera queſtion ici, ne compoſe que la premiere. La penſée m'en eſt venue au premier Janvier dernier. J'en mis par écrit ſur le champ la plus ſuccincte expreſſion. Différentes choſes eſſentielles devoient marcher de front, & avoir lieu en même-temps. Ceux qui, depuis cet inſtant , pour quelques vils & chétifs intérêts, ou, ſous quelques odieux & ridicules prétextes, m'ont mis de nouveau dans la douloureuſe néceſſité de conſûmer tous mes inſtants & toutes mes forces à des choſes ſi différentes, comprendront bien aujourd'hui le vrai ſens de beaucoup de mes paroles, & la profonde amertume qui a accompagné les triſtes négociations qui ont eu lieu entr'eux & moi. Je n'en ſuis point encore délivré; ils ſont encore là ; je les vois,

je les entends ; leur image m'épouvante &
leur préfence m'accable. L'impoffibilité de
donner aujourd'hui à mes idées, à mes fentiments, à mes difpofitions, le développement
qui leur fera néceffaire, continue donc d'exif-
ter toute entiere : cependant le terme fixé pour
les déclarations s'avance. C'en feroit trop, en
vérité, avec la généreufe penfée qui m'occupe
de pouvoir être compté parmi les réfractaires,
& rangé parmi ceux qui veulent refter nuls dans
ce concours de befoins & de tributs volontaires. Je ne dirai donc que peu de mots en ce
jour, & je me hâterai d'en venir au fait pu-
rement matériel.

Ma premiere Offrande patriotique fera compofée de quatorze parties.

1º. Au lieu du quart demandé pour une époque des paiements qui nous font dus, j'offre en
Don patriotique la totalité de ma fortune, à la
réferve d'une très-modique penfion alimentaire
dans un Couvent, ou dans un autre lieu à fon
choix, pour ma femme & ma fille, ou fans cette
réferve, fi le Roi & la Reine, quand ils connoî-
tront quels affreux malheurs ont été accumulés
fur la tête de l'homme qui a peut-être le plus mé-
rité de l'Etat & d'eux, fans jamais rien demander, fans jamais fe montrer, veulent bien, fur
leurs moyens directement perfonnels, leur don-

ner quelques légers dédommagements, & leur
procurer quelques médiocres moyens d'exiftence ; & ce, feulement, jufqu'à ce que par mes
moyens perfonnels, ſ j'en conferve l'ufage, &
par l'emploi journalier de ce que je fuis en état
de faire méchaniquement & intellectuellement,
je me fois mis à portée de pourvoir de nouveau
par moi-même à leur entretien. J'ai donc dit,
pour article premier, la totalité de ma fortune;
fortune très-bornée, mais avec laquelle aujour-
d'hui, revenu de tout & dégouté de tout, je
vivrois très-bien en Province, ou dans une retraite philofophique, ou dans un Royaume plus
paifible ; fortune qui eft pour moi, ce que font
cent millions au propriétaire de cent millions ;
fortune que j'abandonne en totalité à la Nation,
jufqu'à ce que les affaires publiques foient ré-
tablies ; & pour toujours, fi elles ne fe rétablif-
fent jamais. Avec ces claufes feulement, que
quant aux deux premiers paiements qui feront
faits à tout le monde, je me bornerai à donner le double de la taxe univerfelle, c'eft-à-
dire, deux douziemes à chaque paiement, &,
dès le troifieme paiement, j'abandonnerai la totalité. Il y a trop long-temps que nous fommes
dans la détreffe pour pouvoir, dès-à-préfent,
fe paffer complétement du tout. Je n'articule-
rai pas quel en eft le montant ; qu'il fuffife de

la déclaration que je fais, qu'il eſt beaucoup au-deſſus de la ſomme immédiatement
au-deſſus de laquelle le quart eſt dû. Mon Receveur & ſa femme, qui exercent en commun
les fonctions relatives à cet objet, & qui ſont
deux des perſonnes les plus eſtimables de
France, ſe conformeront très-littéralement à
ma volonté, d'après l'expoſé que j'en fais ici.
Je leur en donnerai d'ailleurs une ſignification
particuliere ; je dirai leur nom à qui on me dé-
ſignera ou à qui il appartiendra, & je me con-
formerai au ſurplus, pour les détails & l'exécution de mes diſpoſitions, à tout ce qu'il plaira
au Roi & à l'Aſſemblée Nationale de m'or-
donner.

2°. Outre l'objet dont eſt queſtion ci-deſſus,
& dont mondit Receveur fera l'emploi que je
viens de preſcrire, j'en poſſede un qui ſeroit
dans le cas d'échapper à toutes les déclarations
& à toutes les recherches ; il eſt fort petit, mais
il eſt encore ſupérieur à la ſomme au-deſſus de
laquelle la déclaration eſt exigée. A commen-
cer de l'année prochaine, j'en ferai le même
uſage que du précédent, ſi la poſition de ma
femme & de ma fille leur permettent alors de
ſe paſſer de ce petit ſecours que je ne réſerverai
que pour elles.

3°. Divers objets qu'on pourra mettre en valeur, & faire rentrer promptement, en nommant un Procureur national *ad hoc*, qui exercera très-légitimement des droits incontestables que j'ai négligés; je donnerai tous les détails nécessaires, & remettrai les titres, &c. dont on aura besoin, à ceux qui seront spécialement chargés à cet effet. Un de ces objets pourra rendre plus de trente mille francs, & un autre environ cent mille (*a*).

4°. Des matériaux immenses sur toutes les parties de la Politique, de la Morale, de la Législation, de l'Education publique & particuliere, qui contiennent, j'ose le dire, une multitude de choses de premiere importance pour la France, pour l'Europe, pour le genre humain.

On verra ci-dessous, article 13, quel usage doublement profitable, & profitable sous divers rapports, on pourra faire de ces matériaux, soit concurremment avec moi, si la possibilité m'en reste, soit sans moi.

5°. Un grand nombre de méthodes que je crois utiles & ingénieuses pour mettre facilement en exécution pour l'héritier du Trône & pour la Nation (*b*), les plus sages principes

____

(*a*) Voyez note *, parmi celles de la fin.

(*b*) Je démontrois, dans un travail fait sur ces objets il y a six ans, qu'il faut absolument que ces deux éducations marchent de front & parallélement. Tout ne prouve

d'éducation morale, politique, littéraire & vraiment nationale.

6°. Un affez grand nombre de moyens (qui
m'ont paru très-efficaces) de reftauration publique en tout genre, même fifcale, lefquels,
à la vérité, euffent été beaucoup plus furement
& plus promptement utiles, il y a dix-huit
mois, qu'aujourd'hui ; mais qui pourroient
l'être encore, fi les moyens humains confervent
quelque pouvoir (*a*), cependant avec des mo-
difications, rectifications & additions. Au furplus, je vois tous les jours que ce qui ne s'exécute pas, ce qui ne peut pas s'exécuter, ce qu'on
ne veut pas exécuter, s'imprime & fe vend. La
prix de la vente a toujours quelque utilité : le
pis-aller feroit de fe borner à celle-là.

7°. Une Bibliotheque d'environ douze mille
livres, valeur matérielle, mais d'une valeur
fort fupérieure par le choix & la compofition ;

---

que trop aujourd'hui combien j'avois triplement raifon.
Je communiquai alors quelques-unes de mes idées à cet
égard, à l'homme de l'Europe le plus capable, peut-être,
de m'entendre, un des hommes du monde les plus eftimables & le plus digne de diriger, comme il le fait,
l'éducation du Prince le plus aimable & le mieux élevé,
auprès duquel il paffe fa vie entiere.

(*a*) Et ce n'eft pas ma faute, comme on verra, s'ils
n'ont pas été employés, ou connus plutôt, & même depuis fort long-temps.

Bibliotheque principalement relative aux objets mentionnés ci-deſſus, & qui pourroit être
tranſportée & dépoſée ſur le champ dans un local deſtiné à quelque objet d'utilité publique,
ou chez un Miniſtre, où dans un lieu d'expec-
tative indiqué & procuré par le Miniſtre, ou
par quelqu'autre perſonne de conſidération. Je
ne demande que la permiſſion d'en faire uſage
tant qu'elle me ſera néceſſaire.

> Dans tous les cas, ce tranſport, ainſi que celui
> des objets ſuivants, ſeroit indiſpenſable : diverſes
> circonſtances, & par-deſſus tout, mon action pré-
> ſente, me mettant hors-d'état de conſerver un log-
> ment propre à contenir des effets qui demandent
> beaucoup d'emplacement (a).

8o. Beaucoup de Manuſcrits relatifs aux objets ſuſdits, leſquels ſeroient également dépo-
ſés dans le même lieu que la Bibliotheque.

9°. Une Bibliotheque de Muſique fort inté-
reſſante, laquelle pourroit être dépoſée dans le
même local, pour y être employée à cette partie de l'éducation, ou pour former le premier
fonds d'une Bibliotheque de Muſique publique,
dont je donnerois le plan & ferois connoître
les avantages, ſi on continue, comme il le paroît, à attacher quelque prix à la conſervation &
à la perfection de cet Art, & ſi on veut parvenir

____

(a) Voyez note (7) à la fin.

quelque jour aux connoiſſances, aux procédés &
aux inſtitutions politico-phyſiques qui peuvent
lui donner une influence ſérieuſement eſſen-
tielle & ſalutaire.

10º. Quelques inſtrryments excellens auxquels on pourroit donner la même deſtination.

11º. L'abandon fait à la généralité de mes
Concitoyens, de mes droits de concurrence aux
emplois, places, fonctions, honneurs, récom-
penſes, dignités militaires, civiles, judiciaires,
littéraires ou miniſtérielles quelconques, par ma
renonciation abſolue, non-ſeulement à tous les
objets ci-deſſus, mais même à ma liberté & à
mes droits d'homme, auxquels je n'attache plus
aucun prix; ne demandant rien autre choſe
qu'une Bibliotheque pour priſon, la faculté d'y
ſervir juſqu'à mon dernier ſoupir, ou juſqu'à la
derniere heure de mon ſéjour en France, l'humanité, ma Patrie & mon Roi, ſans aucune ré-
compenſe, ſans aucune reconnoiſſance de leur
part. Mon ame & ma penſée me reſteront; rien
ne peut les aſſervir, rien ne peut les dégrader;
elles me ſuffiſent, elles ſont mon univers.

12º. Une diſpenſe pour mes vingt-cinq millions de Concitoyens François, d'attacher aucun
prix à cette réſolution de ma part, ou de me
ſavoir aucun gré de cette conduite, de ces dons
& de ces abandons; car je n'ai point du tout le

charlatanisme patriotique; car je suis dégouté
de toutes les gloires, & revenu de toutes les
ambitions; car je n'ai point le moindre atôme
de vertu de plus en 1790 qu'en 85 ou 75 ; car
sous les dehors les plus teseins & les plus riants,
toujours témoin, toujours observateur, ou toujours victime de toutes les especes d'oppressions,
de corruptions, d'injustices, d'immoralités, de
noirceurs, de bassesses & d'impostures, l'ame
remplie d'amertume, d'indignation, d'horreur
& d'accablement, j'avois été conduit à prendre
toutes ces résolutions dès l'année 1786 (*a*) (*b*);
car ma vie entiere s'est passée en sacrifices, en
travaux, en pénibles démarches, en fatigantes
& douloureuses tentatives pour le bonheur public
& privé de mes semblables, pour la conservation & le recouvrement de leurs droits justes &
possibles, pour la réunion des intérêts de l'Etat
& de la Nation, alors si ridiculement, si pitoya-
blement séparés (*c*); enfin pour notre plus-dif-

(*a*) Beaucoup de mes amis, & quarante personnes de ma
connoissance, m'ont entendu dire : « Hélas ! je ne demande
» que d'avoir le temps de renoncer à tout, & je n'ai pas
» même le triste bonheur de pouvoir trouver ce temps ».

(*b*) Ma renonciation particuliere dans mon Assemblée
primaire, a déjà été faite authentiquement le 25 Avril dernier, & j'en ai pris Acte.

(*c*) Voyez à la fin, note (1).

facile régénération, celle de nos secrets sentiments & de nos secretes pensées; & si la révolution avoit apporté quelque changement à mon
zele à cet égard, ce seroit plutôt une diminution
qu'une augmentation.

13°. Une partie du produit net qui résultera
de l'impression & de la vente successives de tous
mes Écrits, dont pendant dix ans le quart sera
versé dans le Trésor national, & les trois autres
quarts resteront à ma femme & à ma fille; ensuite, pendant les cinq années suivantes, un
sixieme appartiendra encore à la caisse de l'Etat,
& les cinq autres sixiemes à ma fille & à ma
femme; & enfin, au bout de ces quinze années
révolues, ma femme & ma fille, selon la situation de fortune dans laquelle elles seront alors,
seront maîtresses, moi vivant ou mort, de rentrer dans la propriété totale de tout ce qui dépen-
dra de cet article 13, ou de continuer en leur
propre intention l'offrande patriotique d'une
partie quelconque de ce produit net; le tout
sous la condition très-expresse que dans tout
ceci, je ne me mêlerai absolument que du
travail, de la composition, de la partie intellectuelle; mais nullement de la partie méchanique & matérielle, pas même de recevoir l'argent : à l'effet de quoi il sera pris les mesures &
les arrangements nécessaires, lorsqu'on aura eu

lieu de s'assurer que ces matériaux sont énormes, qu'ils contiennent beaucoup de choses d'un genre absolument inconnu, & que par leur importance, leur piquant, leur utilité, leur intérêt, quelquefois leur singularité, le produit peut en être considérable (a).

14°. Et enfin (si les objets précédents n'avoient pas l'emploi & l'effet que je propose), le don patriotique d'un autre objet très essentiel dont je donnerois une note séparée, ne pouvant pas en parler ici, & duquel on tireroit tout de suite de l'argent comptant en numéraire effectif.

OBSERVATIONS ESSENTIELLES.

Il pourra se trouver des gens qui soient étrangement étonnés & déconcertés de mon dessein & de son exécution ; il pourra s'en trouver même qui se croiront en droit de m'en blâmer ; je leur répondrai :

1°. Que ceux qui ont réellement de la géométrie dans les idées & de la logique dans le raisonnement, sauront parfaitement que dans la position où je me mets & où je veux être parmi nous, cette désapprobation ou ce blâme doivent m'être complétement indifférents ; car l'insulte est à la propriété morale, ce que le vol est à la propriété physique ; & selon la profonde & excellente maxime du sage Locke, *il ne sauroit*

____

(a) Voyez note **, à la fin.

y avoir d'injure où il n'y a point de propriété.
Or, me dépouillant de tout, & renonçant à
tout, je me remets précisément dans cet état
primitif, où l'homme ne connoissant aucune
différence entre lui & son semblable, n'exigeoit
& n'attendoit de qui que ce soit une considération, qu'il ne marquoit lui-même à personne (a).
Ne conservant aucune espece de propriété, on
ne peut donc plus me faire aucune espece d'injure.

2°. Que j'ai à dire, à faire connoître, à publier
des choses si extraordinaires, si essentielles, si
importantes, si éloignées des actuelles passions
publiques en tout genre, & en même-temps si
vraies, si entourées de preuves, si utiles pour les
autres, & si honorables pour moi sous tous les
rapports, qu'il faut absolument pour que j'aie une
parfaite liberté à cet égard, pour que je sois entiérement à mon aise, pour que je ne sois retenu,
ni gêné par aucune considération, que je me sois
retiré de toute ligne; que je sois sorti de tout
cercle; que je me sois totalement détaché de tout;
que j'aie complétement renoncé à tout en tous
genres; que je n'aie plus rien à prétendre, rien
à espérer, rien à desirer, rien à craindre, &

(a) Jean-Jacques Rousseau, *Discours sur l'origine de
l'inégalité*, &c.

qu'enfin

qu'enfin il ne refte pas au monde un feul bien
qu'on puiffe me faire, ni un feul mal que je ne me
fois fait, ou que je n'aie demandé moi-même.

Or, pour l'entier accompliffement de ce def-
fein, je ne veux plus tenir par rien à la vie ni à la
fociété. Mes amis, fi on a encore des amis, favent
par combien de fenfibilité, d'affection, d'em-
preffement, de douceur, de complaifance, de
bienfaifance attentive, délicate & généreufe, j'ai
payé un éternel tribut à ces principes délicieux
du cœur humain, qu'il eft fi doux d'éprouver, fi
doux de fuivre, & avec lefquels il feroit fi doux
qu'aucune circonftance n'empêchât jamais de
mourir. Ils me retrouveront encore le même jufqu'à mon dernier foupir (a) : mais je dois, avant
tout, ce grand facrifice à la chofe publique,
l'offrande fans réferve de tout ce que je puis pour
elle, & la recherche des moyens les plus ingénieux & les plus prompts pour parvenir, fans
obftacle, au pàiement de ce tribut, à la confom-
mation de ce facrifice.

Je veux pouvoir dire tout ce qui eft bon, & ne
redouter aucun méchant; tout ce qui eft vrai, tout
ce qui eft jufte, tout ce qui eft utile, & n'appré-
hender aucun menteur éloquent, aucun fot effron-
té, aucun frénétique trompeur ou trompé, aucun

____

(a) Voyez note * * *, à la fin.

impudent vicieux, aucun fourbe déguisé, aucun
préfomptueux en délire; je veux pouvoir dire
tout ce qui bleffe les paffions funeftes à l'ordre &
au bonheur publics, & braver l'orgueil, l'opi-
niâtreté, l'ignorance, l'hypocrifie de tous ceux
qui leur obéiffent aveuglément; que ces paffions
foient nouvelles ou qu'elles foient anciennes, je
les hais également, fi elles nuifent également à
la véritable félicité générale, aux intérêts réels &
durables de l'Empire & de l'humanité; fi j'en
fuis convaincu, c'eft à moi de le démontrer. Je
veux pouvoir attaquer Chafybde comme Scilla;
je ne fais point faire acception de précipices.
L'Etna m'effraie autant que le Véfuve, & feul,
placé en attitude de réfiftance fur le chemin
qui y conduit, comme Horatius Coclès, s'il
le falloit, je foutiendrois feul les efforts de la
foule innombrable qui, pour fuir l'un, vient
fe jetter dans l'autre.

Je veux pouvoir compter pour rien ma propre
fortune, mon propre intérêt, ma propre gloire,
& même ma propre liberté, pourvu que je puiffe
travailler fans relâche à celle de mes femblables;
mais je veux auffi avec toute la fierté d'un caractere qui ne s'eft jamais démenti, & avec toute
la confiance d'un obfervateur, qui, depuis
vingt-cinq ans, la balance à la main, cherche l'équilibre entre le mal & le bien de la

civilifation , le vrai produit net , le dernier
réfultat utile des plus profondes queftions de
la politique & les grandes fins de l'art focial ;
je veux avec cette fermeté , cette franchife &
cette confiance , pouvoir avancer & établir comment le mot *liberté* n'eft point pour moi un
mot vuide de fens , . . être de raifon , une
chimere impoffible à réalifer , une étourdiffante
& flagorneufe illufion. Je veux pouvoir déve-
lopper comment il eft une réalité , une douce
& aimable réalité. Or , pour que dans l'*Etat
focial* la liberté , le refpect mutuel de l'égalité
naturelle & primitive , & le jufte exercice des
droits de l'homme , foient , non pas une ridicule & dangereufe chimere , mais une douce
& aimable réalité ; il faut que cette liberté ait
des limites bien connues & bien pofées ; il faut
qu'elle foit établie fur fa véritable bafe , totalement ignorée ou totalement paffée fous filence jufqu'à ce jour ; cette bafe eft la dignité
de l'homme , la dignité intellectuelle & fenti-
mentale de l'homme ; la connoiffance & la
vraie théorie de l'être moral humain. Il faut
enfuite que cette liberté foit accompagnée ,
fecondée , & appuyée par ce qui peut uniquement lui fervir de foutien & pofer fes inébranlables fondements : PROPRIÉTÉ , ou moins de difproportion dans les PROPRIÉTÉS ; ou , du moins :

adroits & ingénieux, établiffements qui fup-
pléent à cette PROPRIÉTÉ, qui mafquent & dé-
guifent la trop grande difproportion des propriétés, ou enfin une claffification, une hiérarchie,
une divifion, ..., qui circonfcrive les
idées, qui dirige les fentiments, ou qui force
à une adoption de ftatuts fidélement fuivis, ou
à des devoirs rigoureufement obfervés (*a*).

Peut-être ne fera-ce pas en vain que j'aurai
confacré ma vie entiere à l'étude & à la méditation des matieres légiflatives. Peut-être ne
fera-ce pas en vain que mon ame aura été
éprouvée par tous les poignards de l'injuftice
& de l'adverfité (*b*). Peut-être ne fera-ce pas
en vain que, pour perfifter dans mon dévouement à la chofe publique, dans la négligence
de tous mes intérêts, & dans la vie laborieufe
& retirée qu'il falloit mener pour acquérir les
connoiffances & les principes néceffaires, j'aurai eu conftamment tout à fouffrir, tout à com-
battre, & les perfonnes, & les chofes; & les opinions, & les circonftances; & les avis, & les re-
proches; & les injuftices, & les injures; & les
perfécutions, & les défaftres. Si tant de maux,
tant de facrifices & tant de travaux m'ont rendu

(*a*) Voyez note ****, à la fin.
(*b*) Voyez note (2), à la fin.

plus propre aux circonſtances actuelles, & ont environné mon ame de cette triple enceinte d'airain ſi précieuſe dans l'homme juſte qui la conſacre à l'utilité de ſes ſemblables, je ſaurai peut-être avoir le courage de me féliciter d'une ſi horrible, d'une ſi accablante deſtinée. Mais je n'en ſerois que d'autant plus réſolu, peut-être, d'autant plus obligé, à l'abnégation la plus entiere, au dépouillement le plus abſolu , à la renonciation la plus complete ; je n'en ſerois que d'autant plus déterminé à offrir, à donner avec profuſion tous les fruits de l'arbre, ſous la ſeule condition de le mutiler, de le brûler, de le maudire, même, ſi l'on veut, dès qu'on aura exprimé la derniere goutte de ſon ſuc ; je ſuis préparé & ſoumis à tous les genres de délires & de preſtiges, ainſi qu'à toutes les eſpeces d'injuſtices & de cruautés..

3°. Que je ſupplie de ſuſpendre tout jugement à cet égard, juſqu'à ce qu'on connoiſſe la totalité de mes trois Offrandes Patriotiques, & même les dix ou douze premieres productions courtes & détachées que je dois donner au Public inceſſamment (a). Ce ne ſera qu'alors qu'on pourra bien ſaiſir l'enſemble des intentions qui m'ont dicté cette conduite ; ce ne ſera qu'alors

---

(a) Voyez note (3), à la fin.

qu'on fera un peu à portée de juger quel eſt l'inconcevable dévouement à la choſe publique qui
m'a déterminé, & comment j'ai dû être mené
à ce dernier terme d'exaltation politique &
morale par une continuité de penſées, toutes
& toujours dirigées depuis que je reſpire, uniquement vers la reſtauration & la proſpérité
générales ; par un profond ſentiment de ce qu'il
falloit faire, un terrible apperçu de tout ce
qui a été fait & de tout ce qui eſt arrivé & qui
pouvoit ne point arriver, ce que j'ai lieu de
croire plus que perſonne ; puis encore par une
prodigieuſe habitude d'obſerver les cauſes, de
calculer les réſultats & de prévoir les effets ;
par un examen réfléchi de notre actuelle ſituation politique, & de notre actuelle ſituation
morale ; par un rapprochement de l'accord, ou de l'oppoſition qui eſt entre ces deux
ſituations, une combinaiſon froidement médi-
tée de ce qui doit naître de cette oppoſition ou
de cet accord, & un ardent deſir de voir faire,
ſans aucun retard, tout ce qui eſt humaine-
ment exécutable pour arriver au plus grand
bien, ou au moindre mal poſſible : dévouement,
exaltation, ſentiment, examen, apperçu, rapprochement, deſir, réunis & combinés avec la
plus déchirante douleur, avec le plus profond
reſſentiment, avec la plus terrible indignation,

des innombrables injuſtices , vexations , op-
preſſions , & ingratitudes publiques & parti-
culieres , que je n'ay pas ceſſé un ſeul inſtant
de recevoir & d'éprouver parmi vous ; déplo-
rable effet de beaucoup de cauſes que la révolution n'a nullement détruites ; de beaucoup
de cauſes qui ont ſeulement acquis , peut-être , en
ſuperficie , ce qu'elles ont perdu en volume ; de
beaucoup de cauſes enfin qui avoient plus d'in-
tenſité , & étoient plus concentrées ſous le deſ-
potiſme de quelques-uns , & qui ſont aujour-
d'hui plus répandues , plus difféminées , plus
diviſées. Or , cette douleur, ce reſſentiment,
cette indignation , au lieu de rien perdre de
leur force, en acquierent tous les jours davantage. Car , *je ſuis homme , & rien d'humain ne
m'eſt étranger.* Mais ces ſentiments , empreints
(tout juſtes qu'ils ſont ,) de beaucoup de foi-
bleſſe humaine , ſe rencontrant dans une ame
qui n'eſt ſi irritée , que , préciſément , parce
qu'elle eſt toute de feu pour la juſtice, la vérité , la raiſon & le bien public, & qu'elle n'a
jamais rendu hommage ſur la terre à d'autres
dignités qu'au mérite & à la vertu ; ils ne lui
inſpirent , en dernier réſultat, que la plus gé-
néreuſe , la plus noble des vengeances.

4°. Que pour raſſurer ceux qui demande-
roient comment je ferai donc pour vivre, j'ar-

ticulerai, que fi on exécute ce à quoi je me
foumets par l'Article VI (*a*), ils né doivent
point avoir cette inquiétude, & que je ferai
à l'abri de tout befoin. Mais fi on ne l'exécute
point, fi on ne veut point abfolument l'exécuter,
quoique j'y fois très-fincérement déterminé, ce
fera pour moi l'occafion d'exprimer une des
parties les plus intéreffantes de ma propofi-
tion, & de mettre en œuvre une des parties les
plus louables & les plus utiles de ma réfolution.

Il me reftera, Meffieurs, ce qui refta au Roi
de Macédoine, qui devint Greffier à Rome,
& au Roi de Syracufe, qui fut Maître d'Ecole
à Corinthe.

J'ai paffé ma vie à acquérir des connoiffances & des talents ; j'ai tout abandonné, tout
négligé, tout refufé pour m'occuper fans ceffe
& uniquement, de ce qui importe le plus aux
hommes & aux Empires ; de ce que l'efprit a
de plus vrai ; de ce que l'ame a de plus élevé ;
de ce que la raifon a de plus utile ; de ce que
les Lettres ont de plus folide, & de ce que
les Arts ont de plus touchant. J'ai prodigieufement médité fur les moyens d'inftituer & de
perfectionner toutes les parties de l'éducation
morale & phyfique, générale & particuliere.

____

(*a*) Voyez ci-devant page 8.

J'ai inventé des méthodes dans presque toutes
les choses dont je m'y suis occupé, des méthodes propres à en abréger infiniment l'étude &
les travaux, méthodes qui me sont devenues
nécessaires à moi-même, attendu que sans elles
je n'aurois pas pu suffire au trop grand nombre de choses que j'avois embrassées. Je n'ai
jamais fait de tous ces moyens aucun usage profitable sous les rapports de fortune & d'intérêt.
Eh bien! ce sera une belle occasion de m'en servir. Mes Concitoyens, sans doute, si la France
reprend quelque prospérité, me donneront quelque profitable occasion de les employer; & si
elle ne reprend point de prospérité, l'Europe me
restera, le Roi, quelque Ministre, quelques
personnes d'une haute considération m'honore-
ront bien du moins de quelque recommanda-
tion. Je ne requiers point que mon action actuelle
devienne une raison d'indulgence & de pré-
férence; que celui qui, après vérification &
expérience, trouvera que je lui suis plus utile,
me préfere; cela me suffit.

Mais ce n'est rien d'avoir conçu ce généreux
dessein & de l'exécuter; il faut encore qu'il
serve d'exemple, & que cet exemple soit suivi.
C'est-là la pensée cachée de mon action, pensée
la plus chere à mon cœur; je suis forcé de la
révéler, parce qu'elle tirera du développement

que je dois lui donner, toute la force qu'elle
pourra avoir fur les efprits.

Beaucoup de perfonnes, en France, d'une
grande naiffance ou d'une grande fortune, ont
acquis des connoiffances précieufes ou des
talents diftingués. Ce font elles fouvent à qui
ils ont le moins coûté. Dans le régime précédent, des intervalles immenfes nous féparoiént
tous les uns des autres. Maintenant, en un feul
inftant, on nous a tous mis fur une même ligne.
Plus ce grand rapprochement fubit eft difficile,
plus il faut ménager des conciliations intermé-
diaires, plus il faut tâcher d'établir des points
de contaĉt. Si les chofes reftent telles qu'elles
font, l'exécution n'en fera certainement faci-
litée que par des abandons réciproques, des
abandons bien réfléchis & bien volontaires. Il
faudra que chacun cede un peu de terrein, &
ceux qui en ont trop pris & ceux qui en avoient
trop gardé; les plus utiles de ces abandons
feront, fans contredit, les plus généreux, les
plus fpontanés. Mais ce n'eft rien que d'offrir
de l'argent & de renoncer à des droits, fi l'on
continue à fe tenir roide dans fon rang, & à
ne pas vouloir fortir de fa claffe (*a*). Le
tréfor public a fans doute befoin de facrifices

(*a*) Voyez note (4), à la fin.

pécuniaires ; mais ce font des facrifices moraux qu'il faut à l'ordre public, au bonheur public, à la Conftitution décrétée ; ce font des facrifices moraux qu'il eût fallu à toute Conftitution quelconque ; dès-lors qu'elle eût été fage & vraiment politique. Il faut former des liens en fupprimant des diftances ; il faut remplir les milieux, pour que le fuperflu nuifible & l'excès dangereux ne foient point toujours aux extrémités. Il faut defcendre avec franchife, fe répandre fraternellement au milieu de fes Concitoyens ; il faut que l'inflexibilité du vieil orgueil plie, & que la rufticité de l'orgueil nouveau fe poliffe ; il faut que toutes les parties angulaires de l'arrogance réciproque foient émouffées par le frottement ; il faut vouloir avec fermeté le bénéfice certain de ce frottement falutaire & de ce rapprochement indifpenfable ; & cette volonté feule produira d'avance une grande partie de l'effet defiré. Au lieu de fe reculer & de fe concentrer, il faut s'avancer & s'épancher ; au lieu de fe craindre & de fe fuir, il faut vouloir s'aimer, fe réunir ; le François flatté eft le plus doux des humains ; le François humilié eft un animal terrible. La vanité eft le vrai mal national. Ne rendez donc pas mutuellement vos maladies incurables. Au lieu de déguifer fon cœur & de cacher fes mains, il faut découvrir l'un & tendre les autres. Les uns les tendent pour qu'on défcende ; mais fi vous vous y prêtez avec bienveillance, ils vous foutiendront avec amitié, & ne vous laifferont pas defcendre trop bas. Tendez-les-leur également pour monter, je crois qu'ils s'arrêteront d'eux-mêmes. D'ailleurs fi vous n'avez aucune valeur perfonnelle en aucun genre, rendez-vous juftice : Que pouvez-vous ? Que prétendez-vous ? Que vous doit-on ? Mais fi vous avez une valeur perfonnelle effective, vous devez voir & juger les chofes avec jufteffe ; votre opinion doit avoir la raifon pour bouffole ; vos principes doivent fe réunir à ceux du bonheur public ; vos droits dans ce cas font inféparables de vos efpérances. Au furplus, fiez-vous à la loi de néceffité & à l'équilibre univerfel. Il a lieu dans l'ordre politique & moral comme dans l'ordre phyfique. Chaque corps cherche fon centre de gravité. Par une lente ofcillation, l'Empire cherchera fa bafe & la trouvera. Les Loix univerfelles invariables ont un afcendant indef-truëtible. La volonté générale bien & duement générale, eft inconteftablement le premier pou-voir politique ; mais quand ce que tous veulent ne fe peut pas, tous ont beau le vouloir, il ne fubfifte pas. Lorfque ce que tous veulent fe peut & conduit aux plus falutaires réfultats, il fub-

fifte ; & ce feroit grande folie que de s'y op-
pofer ; principes & expérience , voilà la pierre
de touche qui en décidera. Mais cette pierre
de touche eft un fruit de fageffe ; il s'en faut
bien qu'elle ne puiffe jamais être un dérivé
de paffions. Gardons-nous donc bien d'apporter
des paffions, de triftes & fatales paffions dans
cette affaire. C'eft le moyen de la rendre inex-
tricable & interminable ; c'eft le moyen de
prolonger le conflit, l'oppofition, le défordre ;
c'eft le moyen de ne jamais fortir de confufion ;
c'eft le moyen de rendre mauvaife la caufe de
tout le monde, & de donner raifon à ceux
même, peut-être, qui auroient tort. C'eft le
moyen de laiffer continuellement la queftion
dans les honneurs du problême non réfolu.
C'eft le moyen, au milieu même des effets
les plus funeftes, d'environner les principes
d'un nuage facré. Car du fein même de ces
effets funeftes, chacun pourroit s'écrier que
tout iroit bien ; fi tous avoient concouru. Con-
courons donc tous & mettons-nous parfaitement
en état de juger cette grande affaire fans paffions & fans prévention. Or, parmi les moyens de
concourir qui feront tous bons lorfqu'ils feront
tous finceres, celui que je propofe ici, & dont je
defire de donner l'exemple, eft certainement
un des plus efficaces. Quel meilleur moyen

en effet, de *defcendre avec franchife*, *& de fe
répandre fraternellement au milieu de fes Concitoyens* (*a*), que de partager leurs befoins
& leurs moyens de les fatisfaire, de n'avoir
comme eux, du moins pendant quelque temps,
que des lumieres, des vertus & des talents pour
vivre ? car ce n'eft que dans cette claffe que je
propofe de fe ranger. Eh ! fera-ce defcendre,
que de s'affocier à cette efpece d'hommes? . . . .
Suivi par d'autres, cet exemple fera infiniment
plus profitable à la chofe publique. Je n'ai point
l'honneur d'être Pair de France ni millionnaire,
ni Officier-Général, mais j'étois dans le cas de
fuivre d'autres principes, & de me fervir de ce
qui m'appartient (*b*). Mille raifons, d'ailleurs,
ont concouru à m'en donner la penfée. Ceux
qui auront de plus grands facrifices à faire,
auront bien plus de mérite, & feront bien plus
utiles ; jamais à mon gré ils n'auront été fi
dignes d'envie.

Quel avantage ne réfultera-t-il point de leur
action réellement noble & patriotique ; pour
cette véritable & defirable fraternité, qu'il feroit fi doux d'obtenir ; pour ce vrai principe
d'égalité morale, ou de *rapprochement d'éga-*

(*a*) Voyez ci-deffus, page 27.
(*b*) Voyez note (5), à la fin.

lité possible qu'on voudroit établir ? Quels fruits n'en retireroit-on pas pour détruire la fatale opposition qui subsiste entre notre situation morale & notre situation politique ? Quels fruits n'en retireroit-on pas pour ouvrir solemnellement les portes du Commerce, de l'Industrie, des Arts, & de toutes les professions utiles à tant de Citoyens qui en ont le plus grand besoin ? à tant de Citoyens, que de barbares préjugés continueroient, peut-être, à en tenir éloignés ? Combien cela contribueroit à reporter dans ces arts, dans ce commerce, dans cette industrie, la vie, la chaleur, la prospérité, dont l'extinction est pour le corps politique une mortelle agonie ; & dans les Sciences, dans les Lettres, dans les talents, la grandeur qu'ils répandent toujours sur la Nation qui les honore ?

Quoi qu'il en soit de notre situation actuelle, relativement à ces importants objets ; quelque justes que soient à cet égard les regrets & les larmes des penseurs judicieux qui ont arrêté leurs regards sur ces matieres ; larmes & regrets que j'ai partagé & répandu avec eux, je garantis à ceux qui auront le courage de suivre mon exemple, d'adopter mes principes & de suivre mes conseils ; je leur garantis que cette restauration peut avoir lieu, & qu'après notre civique expoliation, nous trouverons, par nos seuls moyens perſonnels, de quoi vivre & de quoi faire honorablement nos affaires, ſi la France veut exécuter les choſes que j'aurai l'honneur de lui propoſer. Après mes trois Offrandes Patriotiques & les Ecrits qui doivent les accompagner & les ſuivre immédiatement, elle en aura déjà une ſuffiſante idée (*a*).

Si j'ai à me défendre de ceux qui, habitués à chercher toujours, en tout, des raiſons de blâmer, en voudroient trouver juſques dans cet abandon patriotique, je n'ai pas moins à me défendre de ceux qui y trouveroient de trop grands motifs de louanges. C'eſt ici où j'invoquerai le ſecours & le témoignage de mes amis; je les prie de m'aider à diminuer le prix d'une action qui auroit beaucoup plus de mérite pour tout autre que pour moi. Ayant paſſé ma vie entiere dans une ſucceſſion de pénibles ſacrifices, j'y ſuis très-habitué. J'ai toujours mis mon ſouverain bonheur à faire tout pour les autres, & jamais rien pour moi. La lecture de l'Eſprit d'Helvétius, que j'ai eu le malheur de faire à mon entrée dans le monde, m'a donné une telle

____

(*a*) C'eſt une raiſon de plus pour moi, & une raiſon majeure, de réclamer les ordres, les ſecours & les moyens néceſſaires pour la très-prompte impreſſion & publication dont je parle à l'avant-dernier paragraphe de cet écrit.

haine

haine pour l'égoïfme & pour la foule innombrable de ceux qui en fuivent les déteftables
maximes, que ces maximes, fuffent-elles vraies,
je n'en reffemblerois pas moins fur ce point à la
femme noyée de la Fontaine, que le pouvoir
de l'efprit de contradiction fait remonter contre
le fil de l'eau. Je fuis même arrivé à cet égard
à une extrémité fi oppofée, qu'elle eft fans
doute vicieufe, & je fuis prêt à la reconnoître
comme telle. Je m'arrêterois des années en-
tieres, fans quitter la place, avec ceux qui me
feroient parler de matieres relatives aux grands
intérêts & aux grandes fins de l'homme & des
Empires; & je ne puis écouter un feul quart-
d'heure, fans la plus défolante impatience, ceux
qui veulent me parler de mes affaires perfon-
nelles. Je permets à cet égard à ma femme, à
mes domeftiques, à mes créanciers, à mes amis,
de m'accufer fans ménagement, & de donner un
libre effor au mécontentement, que par cette maniere d'être je leur ai fouvent donné. Prefque jamais il ne m'a été poffible de refufer dix louis à un
homme eftimable, lorfque j'en avois feulement
douze; &, quelquefois, n'en ayant que deux,
je n'ai pas réuffi à les garder. Les moindres
obftacles, les moindres difficultés, les moindres prieres, arrêtent mes plus juftes deman-
des dans mes plus preffants befoins, & pen-

dant qu'on me tourmente fans relâche pour un écu, il m'eft impoffible de tourmenter qui que ce foit, même pour dix mille francs. Mes regards & mes idées fe font tellement habitués à fe porter fans ceffe, & uniquement, vers les plus hautes & les plus utiles vérités morales, politiques, métaphyfiques & légiflatives, que toutes les autres chofes de ce monde ne me paroiffent que de méprifables pauvretés. Il en réfulte en moi une maniere d'être, d'agir & de parler, qui me rend incompréhenfible, pour la plupart de ceux avec lefquels j'ai quelques intérêts matériels à démêler, & qui me font paffer, je n'en doute pas, pour une énigme bifarre, vis-à-vis de tous les hommes dont la logique de Barême, l'art de conferver & d'attirer l'efpece fonnante, & le talent de faire ce qu'on appelle, par excellence, des affaires, forment tout le fouci, tout le travail & tout le mérite. En outre, je ne fais jamais refufer obftinément que ce que je n'ai point, & j'oublie avec une incroyable facilité le mal qu'on m'a fait ou voulu faire ; de forte qu'en fe donnant le temps d'attendre, & en terminant avec moi par quelques manieres douces & polies, on finit toujours par me faire donner ou me faire fupporter tout ce qu'on veut, quoiqu'on ait multiplié fans ménagement, dans l'intervalle, ou les perfécutions,

ou les injuſtices, ou les frais, ou les vexations. Or,
on comprendra facilement qu'avec un ſemblable
caractere & une telle maniere de penſer & d'agir,
il faudroit abſolument que j'euſſe cinq cents
mille livres de rente, le plus vertueux des
hommes pour intendant, la famille & les alen-
tours les plus ſages, les plus entendus , les
plus rangés, les plus délicats, les plus affec-
tionnés à ma perſonne, les plus attentifs à la
conſervation de tout ce qui m'appartient, ou
que je n'aie rien du tout. Ce dernier moyen
eſt inconteſtablement le plus facile ; pouvois-je
trouver une plus belle occaſion d'en faire
uſage (*a*) ?

Loin donc qu'on ſoit dans le cas de me ſavoir
un grand gré & de me faire un grand mérite de
cet abandon patriotique, il faut le conſidérer

____

(*a*) O. vous! de Mars, Monneron & Brienne, Sava-
lettes, Boutin, Chabanel auſſi, vous, qui parmi tant
de gens qui me croyoient heureux, ou qui n'ont connu
que ma bienfaiſante ſenſibilité, avez été inſtruits de mes
peines, & avez peut-être rendu quelque ſervice à la choſe
publique en m'empêchant d'y ſuccomber, tels légers que
vous aient paru les ſecours que vous m'avez apportés,
ils ſeront à jamais, ainſi que vos noms, gravés dans mon
ame; & je ne laiſſerai point échapper cette occaſion de
vous rendre un public hommage. Un inſtant de bon cœur
eſt pour moi un ſiecle de mérite.

uniquement comme une prudente réfolution prife pour mon repos, pour ma tranquillité; comme le feul fage parti à prendre, peut-être, pour que je puiffe enfin parvenir à être conftamment & invariablement moi-même; remplir fans trouble & fans obftacles les objets importants auxquels je me fuis voué tout entier; accomplir ma deftinée; refter tel que la nature m'a fait, & apporter à mes femblables toute l'utilité que le Ciel paroît m'avoir ordonné de leur apporter.

Le facrifice que j'ai fait à la chofe publique au moment de la formation des Etats-Généraux, m'a été bien plus cruellement pénible, & eft en tout fens, à mes yeux, bien fupérieur à celui-ci. Il eft encore ignoré, mais les preuves en exiftent, & il fera connu. Ma longue fidélité à ce fecret, fecret que je me fuis impofé moi-même, n'eft pas la partie la moins douloureufe de ce facrifice.

Mes amis particuliers, ceux par qui je fuis véritablement connu, & j'en ai de tels en cet inftant dans beaucoup de contrées de l'Europe & dans plufieurs parties du monde, pourront rendre cet hommage à la vérité, qu'ils ne trouveront rien dans mon action actuelle qui ne foit parfaitement conforme à tout ce qu'ils connoiffent de moi, & qui n'en foit comme une fuite natu-

relle & néceffaire. Je les ai priés ci-deffus de
m'aider à faire comprendre que j'ai très-peu
de mérite à faire un facrifice que tant de raifons m'engagent à faire, & ils connoiffent
comme moi une partie des raifons que je viens
d'en alléguer. Mais auffi jufte, auffi ami de la
vérité, lorfqu'elle m'eft avantageufe, que lorfqu'elle m'eft contraire, je ne les prie pas moins
d'attefter que les fentiments, les principes & les
réfolutions qu'ils m'ont vu dans tous les temps
de ma vie, ont une complette analogie à tout
ce que je dis, à tout ce que je fais à cette
époque (*a*).

J'en prie également le corps, la fociété,
l'affemblée d'hommes la plus refpectable qu'il
y ait eu en Europe, qui eft, fans contredit, la
Société Philantropique, dont j'ai dû, dont j'ai
été prié d'avoir l'honneur d'être un des fon-
dateurs à Paris (7). Elle en a les moyens ; elle
poffede depuis quatre ans des matériaux propres
à remplir cet objet ; une des grandes époques
auxquelles j'avois l'honneur de lui dire qu'elle
pourroit ouvrir les paquets que j'ai dépofés dans
fon fein, eft arrivée ; elle peut donc ouvrir ces
paquets. Je devois, pour qu'on fît cette ouverture, envoyer un papier contenant des mots

(*a*) Voyez note ***, à la fin.

convenus qui devoient servir de signal, eh bien
les voici :

« On peut ouvrir les paquets ayant pour
» épigraphe ; *aut Patriæ, virtus, felicitasque*
» *Publica, aut nihil* ».

Mille circonstances barbares s'étant opposées
à l'exécution de ce que je devois avoir fait
avant d'envoyer ce signal indiqué, je ne l'envoie qu'aujourd'hui ; mais l'événement lui a
ménagé un à propos assez favorable.

Je l'enverrai donc doublement, & par le
papier particulier, ainsi qu'il fut dit, & par
l'écrit public que le lecteur a maintenant sous
les yeux. La très-respectable Assemblée Philantropique fera l'ouverture de ces paquets,
elle en prendra communication, & ensuite,
soit par un simple récit succinct, soit par une
complete communication de la totalité, soit,
ce qui sera beaucoup mieux, par la communication de la partie seulement, la plus ré-
lative à la chose publique & à celles de mes
dispositions testamentaires & autres, qui con-
cernent directement l'intérêt général, on fera
connoître à la Nation l'esprit essentiel de ces
papiers déposés, il y a quatre ans, dans le
sein de cette respectable Société. J'arrangerai,
de concert avec ceux des honorables Mem-

bres qu'on jugera à propos, les suppressions qui pourront être faites des choses dépendantes d'affaires personnelles, ou qui ne sont d'aucun intérêt pour le public.

On verra par la communication de ces écrits faits & déposés en Janvier 1786, une preuve puissante & incontestable que mes dispositions ont toujours été semblables, ainsi que mes principes, mes sentiments & ma conduite, & qu'il y a plus de quinze ans que je suis en 1789 ; vérité qui sera également confirmée & démontrée tant par mes ouvrages imprimés en 1775, 1777, 1780, & dérobés au public, que par tous les écrits & matériaux annoncés & offerts ci-dessus par les articles IV, V, VI & XIII.

J'ose espérer qu'il ne m'arrivera pas à l'égard de l'Ecrit actuel, de la part de l'auguste Assemblée Nationale, ce qui m'est déjà arrivé de sa part à l'occasion des écrits que j'ai eu l'honneur de lui faire parvenir peu de jours après l'ouverture des Etats-Généraux, & d'un autre que j'ai eu l'avantage de lui adresser au commencement de Décembre 1789, relativement à l'organisation de la Municipalité de Paris, & de toutes les Assemblées primaires ; écrits au sujet desquels il ne m'est pas parvenu un seul mot, & dont je n'ai jamais en-

tendu parler ; effets trop femblables à ceux du
régime paffé, pour qu'on puiffe craindre qu'ils
aient long-temps lieu dans le nouveau.

Je fupplie très-inftamment le Roi, la Famille
Royale & tous les Membres du pouvoir exécutif, de ne point fe croire étrangers à mon
action, & à toutes les penfées qui me l'ont
infpirée. Un Etat, un Empire n'eft point pour
moi une chofe brifée & compofée de pieces
de rapports ; il eft un, il compofe un enfemble
complet & indivifible. La Nation en eft la partie morale & intellectuelle, comme le territoire
en eft la partie matérielle & phyfique. Le Roi eft
le protecteur, le confervateur invariable & néceffaire de cette partie matérielle, & l'interprete
perpétuel, le premier Repréfentant, le Chef
fuprême, le Préfident né de cette partie morale. Que la Nation divife ou fubdivife plus ou
moins les pouvoirs qu'elle a délégués ; qu'elle en
connoiffe, en apprécie, en calcule, en approfon-
diffe, en prefcrive plus ou moins l'étendue, il
eft toujours le principal délégué, le chaînon
immuable & éternel auquel tous les autres chaî-
nons amovibles & temporels doivent fe réunir ;
le point central auquel toutes les parties de
la circonférence doivent aboutir. Il eft tel par
l'antique volonté & pour l'inviolable intérêt de
cette Nation, qui ne pouvoit pas vouloir autre-

ment, en décidant que son gouvernement seroit monarchique ; car ces résultats, ces modes politiques sont les émanations nécessaires de l'essence de la Monarchie, comme les rayons sont les émanations nécessaires de l'essence du cercle. Lorsque dans l'Empire il existe d'autres Représentants, le Roi n'est plus que co-Représentant ; mais comme il ne peut pas perdre sa qualité de premier & de perpétuel, il est toujours premier & perpétuel Représentant ; & il reste toujours premier & perpétuel co-Représentant. Tous les ressorts, tous les instruments du pouvoir exécutif ne sont autre chose que les bras & les mains de ce perpétuel conservateur. Or donc, je ne puis rien faire, je n'entends rien faire pour la Nation que je ne le fasse nécessairement pour le Roi, pour tout ce qui lui appartient, & pour tout ce qui dépend de lui immédiatement. Aussi verra-t-il que par un effet de l'invariabilité de mes principes & de l'ancienneté de l'époque où ces principes ont pris naissance dans mon esprit, & ont jeté leurs racines dans mon cœur, personne n'a, peut-être, jamais plus constamment rempli, en tout & de tout temps, la double fonction de Citoyen le plus dévoué à la chose publique, & de Sujet le plus fidele & le plus af-

fectionné. Ce n'eft point une affertion fondée fur
de vains propos ou fûr de vagues prétentions,
femblables à celles qui préfentent aujourd'hui,
dans un certain ordre de gens, fept cents perfonnes qui toutes font entrées *les premieres*
à la Baftille ; dans un certain autre ordre
de gens, deux mille Citoyens qui avoient, fi
on veut les croire, prévu, prédit & annoncé
la révolution ; dans un troifieme ordre de
gens, quatre mille individus qui avoient penfé,
confeillé, dicté tous les articles de la Conftitution ; & dans un quatrieme ordre de gens,
dix mille importants qui avoient, difent-ils,
fait les plus grands efforts pour conjurer l'orage ;
qui cent fois ont averti toutes les Puiffances ;
qui ont confumé leur zele & leurs talents à
prévenir cette explofion ; & qui, *depuis mille
ans*, ont indiqué tous les moyens de détourner
cette tempête. Cette affertion, je le répete,
ne reffemble nullement à ces puériles prétentions, à ces jactances tardives, à ces mafca-
rades patriotiques & à ces vains difcours des
pitoyables inventeurs de ce qui eft tout inventé ;
comparables en tout au méprifable faux brave
de la fable. Mon affertion eft fondée au contraire
fur des preuves évidentes, des preuves ma-
térielles, inconteftables ; fur des monuments
bien antérieurs aux affemblées de Notables, &

à tous les événements qui les ont amenés ; fur
des monuments qui fubfiftent en divers lieux
depuis beaucoup d'années, & entre les mains
de plufieurs perfonnes & de plufieurs Corps
recommandables ; entre les mains du Roi lui-
même ; enfin fur des monuments qui feront
de notoriété publique, dès que je les aurai in-
diqués & défignés.

Auffi après l'expofition de mes trois Offrandes Patriotiques, je mettrai en dépôt dans un
lieu où il fera facile d'en aller prendre communication, toutes les pieces explicatives &
juftificatives, relatives à tout ce que j'aurai
pu dire ou avancer de plus frappant ou de plus
extraordinaire ; ainfi que l'indication de celles
que je garderai pardevers moi, mais que, de
propre mouvement, je m'obligerai de produire
à la premiere requifition notable.

J'y dépoferai auffi une note indicative de
mes difpofitions relatives à quelques débiteurs
& à quelques créanciers, dont je concilie les
intérêts particuliers avec l'objet public que je
remplis en ce lieu.

Pour tout ce qui précede, fi je me permet-
tois de demander quelque grace au Roi, à la
Nation, à l'Affemblée Nationale, ce feroit

uniquement celle qu'il fût donné ordre à Messieurs les Imprimeurs Pierres, Baudouin, le mien, qu'il est bien juste d'associer à cet avantage , & autres peut-être encore, ainsi qu'à l'Imprimerie Royale, d'imprimer sans délai & avec la plus grande célérité , tous les objets que j'ai à donner sur-le-champ au Public , & dont, conformément à mon article 13, le quart du produit net est destiné à être aussitôt versé dans la caisse nationale, pour y faire partie de mes Offrandes Patriotiques. Et ce seroit encore (comme une suite & une dépendance naturelle de cette premiere demande) que M. le Garde-des-Sceaux soit chargé d'avoir la bonté de me fournir les copistes dont j'ai indispensablement besoin.

Cette promptitude dans les moyens nécessaires pour la plus prochaine impression & publication des premiers objets dont je parle , seroit d'autant plus importante, qu'une des premieres choses qu'on y trouvera , sera la facile maniere de donner, par des ressorts moraux & politiques , fort aisés à mettre en mouvement, une solidité effective, une efficacité permanente , à ce que sembloit se proposer la pompeuse & éclatante cérémonie de la Fédération générale.

Sans aucune Fédération, ce que je propo-

ferai atteindroit, parfaitement à ce grand effet
d'utilité publique. La Fédération, toute feule,
n'eût pu le remplir aucunement. A la vérité,
mes moyens font pris où il faudroit les prendre
tous ; dans l'effence indeftructible des chofes;
dans les principes invariables de la nature & de
la fociabilité; dans la fage combinaifon de l'indivifible mêlange des vertus, des paffions & des
foibleffes ; dans le caractere de l'homme en
général, & dans le caractere national en particulier ; dans la morale profondément fentie,
& non dans la morale froidement calculée; dans
la démonftration de la droiture & de la bonté
originelle du cœur humain, & non dans les
fophiftiques hypothefes de fon injuftice & de fa
méchanceté; dans la confolante & lucide hiftoire
de l'intelligence, & non dans le conte ténébreux
& révoltant de la matiere ; dans la philofophie
politique, & non dans la politique philofophique; dans l'expofé profond, dans le faint
defir, dans la circonfpecte indication du moindre mal poffible, & non dans l'abfurde efpérance, dans le chimérique projet, dans l'au-
dacieux roman du mieux par excellence ; mieux
par excellence qu'on ofe vouloir établir fur
une légiflation méchanique, dépouillée de tout
reffort intellectuel, dépourvue de toute bafe
morale.

Au surplus, dans tous les cas & dans toutes les hypothefes, celle même d'une profpérité générale de la monarchie, profpérité parvenue, dès demain, à tel point, que depuis Clovis on n'ait point mémoire d'en avoir vu une femblable en France; ce qui, par les plus fimples principes de l'équité, par la jufte nature des chofes, & par la lettre & l'efprit de l'article premier, ci - deffus, annulleroit entiérement mon Offrande Patriotique; je continue & continuerai d'offrir & de donner en tribut civique volontaire, pour trois années, le quart qu'on m'a demandé pour une, payables chaque femeftre par deux douziemes; ce dont, à l'inftant même, j'envoie la fignification à mon Receveur, ainfi que celle de ma donation totale exprimée ci-devant, article premier, pour qu'il ait à s'y conformer, s'il y a lieu, & à en faire le verfement dans la caiffe nationale, conféquemment aux difpofitions du fufdit article premier.

N O T E S.

(1) **M**A vive ardeur pour une réforme & une régénération univerfelle; mes attaques multipliées contre l'ancienne conftitution; mes inébranlables raifonnements fur
la néceffité d'en faire une nouvelle, m'ont affurément attiré
affez de haines, affez de ridicules, affez de défagréments; &
mes efforts pour la réunion des intérêts de la Nation & de
l'Etat, tant dans le fait & dans le droit, que dans l'opinion,
ont été affez vigoureufement prononcés dans mon Ouvrage de 1775, *fur les principes politiques de mon fiecle,
& fur la néceffité indifpenfable d'une morale politique &
d'une réforme univerfelle;* chacun peut s'en affurer facilement. Ceux qui ne pourront pas fe procurer cet ouvrage,
en trouveront quelques indications effentielles dans l'écrit
que je viens de donner tout à l'heure, intitulé : *fur les
difpofitions Morales & Politiques qu'il faut nous preffer
d'avoir; Adreffe aux Affemblées Electorales de France ;* &
des citations importantes dans mes *motifs de détermination pour les claffes privilégiées,* & autres ouvrages que j'ai
donnés au commencemt : de 1789.

(2) Voici comme je m'exprimois page 12 du premier
de mes Ouvrages, mentionnés dans la note précédente,
celui donné en 1775.

« . . . . . C'eft ainfi, que les fages ifolés, ...
s'ils viennent à découvrir ce qui a produit la méprife de
leurs prédéceffeurs; s'ils viennent à envifager les objets
par les rapports nouveaux & différents qui pouvoient les
mettre dans la véritable route; s'ils apperçoivent l'illufion dangereufe de leurs contemporains, l'abandon fu-
nefte de la vérité, les conféquences fatales du refpect pro-
digué au fantôme qu'on lui a fubftitué, les voies infi-

dicufes & féduifantes qui ont dû très-naturellement oc-
cafionner cette méprife chez des gens remplis de lumieres & d'honnêteté ; s'ils veulent enfin percer cette
enceinte impénétrable, & s'expliquer au pied du Sanc-
tuaire, ne font ni compris, ni écoutés ; & bafoués, re-
pouffés, ridiculifés dès leur approche, par un parti trop
fupérieur par le nombre, pour n'être pas perfuadé qu'il
l'eft auffi par la raifon ; on les accufe, on les déchire,
on les pourfuit ; ils fe tiennent trop heureux de rentrer
dans le filence & la retraite, d'où le zele les a fait fortir un inftant, & le monde chante, victoire, & continue d'aller comme il alloit ».

☞
Année
1775.
« Sans me mettre au nombre de ces fages, je vais,
s'il le faut, par ces prémices de mes efforts, m'associer a leur destinée, afin que la lime aiguë de
l'adverfité, de l'injuftice & de la perfécution, me déchirant par de nouveaux traits, fortifie encore les refforts de
mon ame, & me rende digne un jour d'être associé a
leurs vertus ».

« L'apperçu des objets principaux de la politique, & fur-
tout de la morale politique, fous des rapports fort différents de ceux auxquels mon fiecle fe plaît à s'arrêter, le
defir de les faire entrevoir à ma Nation, d'en jetter les
premieres femences dans fon efprit, & de mettre mes
Contemporains fur les voies, pour qu'ils puiffent confi-
dérer eux-mêmes les chofes fous de nouvelles faces ; voilà
quels ont été mes inftigateurs ; voilà les motifs qui m'ont
détourné quelques moments de ma route principale,
pour donner ce foible avant-coureur de mes travaux.
(*Année* 1775) ».

Confidérations fur les principes politiques de mon fiecle,
& fur la néceffité indifpenfable d'une Morale Politique ;
par M. de Rossi ; in-8°. Londres, imprimé par Grant,
Bridges Street, pag. 12, &c.

Le

Le morceau entier d'où ce paffage eft tiré, fort curieux alors, eft encore plus curieux à préfent. Je n'ai pas
le temps d'en rapporter la totalité ; mais je dépoferai un
exemplaire de l'ouvrage dans le même lieu où j'ai annoncé, page 24, paragraphe fecond, que je dépoferois
tant d'autres chofes effentielles. Il y a dans la totalité de
l'ouvrage, vingt autres morceaux plus intéreffants, plus
piquants encore ; j'en indiquerai une partie.

(3) Pour raffurer dès-à-préfent, fur ce que peuvent
contenir ces écrits, les Citoyens les plus fages, les plus
timides, les plus prudents, ainfi que les plus défiants ; je
les préviens que parmi ceux que je donnerai les premiers,
j'en inférerai un, ayant pour titre : *s'il faut écrire ; ce qu'il
faut écrire ; fi un homme de qualité doit écrire.* Chapitre
d'un très-grand ouvrage ; chapitre fait il y a neuf ans, &
qui formoit le cinquante-cinquieme article d'un travail ef-
fentiel où je l'avois inféré, & qui devoit paroître au commencement de 1789 ; écrit dans lequel les trois queftions
indiquées par le titre, font traitées fous plufieurs afpects ;
les afpects les plus effentiels d'utilité publique, réelle,
éternelle, inviolable, invariable, & l'afpect relatif à un
préjugé fort enraciné ci-devant, & qui l'eft encore chez
les hommes (bien réellement) injuftes, abfurdes & im-
pardonnables partifans des anciens abus & des anciennes fottifes. Après avoir vu cet écrit, on connoîtra
parfaitement mes maximes & ma profeffion de foi, fur la
communication des idées, fur la publicité des écrits.

En rempliffant cet objet, un autre encore fe trouvera
rempli ; car on en pourra tirer quelque fruit pour les plus
fages principes à établir fur la liberté de la Preffe, con-
fidérée fous des rapports, non pas philofophiques, mais
vraiment politiques, vraiment légiflatifs. Matiere bien
importante, fur laquelle on trouvera également beaucoup

D

de vues, de vérités & de considérations essentielles dans les premiers matériaux que j'offre de publier sans délai. Si on veut joindre à cela sur le champ la lecture de mon Ouvrage *sur les Principes Politiques de mon siecle*, donné en 1775; celui *sur l'état actuel de l'Esprit humain*, donné en 1780, &c. on aura bientôt jugé universellement, je crois, & sous toutes les faces, tel système qu'on ait adopté, & de tel parti qu'on soit, qu'on peut avoir toujours tout à espérer, & jamais rien à craindre des hommes qui professent de semblables principes, & que ce n'est assurément point par eux que l'Art de l'Imprimerie deviendra jamais nuisible & redoutable.

Pour en donner en ce lieu même une prompte & facile idée à ceux qui ne voudroient point se donner ces petits soins, rechercher ces ouvrages passés, & prendre la peine de les lire, je joindrai ici l'extrait de la Lettre que j'eus l'honneur d'envoyer au Parlement, à la Chambre des Comptes, à la Cour des Aides, au Grand-Conseil, en même-temps que mon Ouvrage *sur les Principes Politiques de mon siecle*, lors de ma premiere apparition sur l'horison politique & littéraire, en 1775; apparition que nul Astronome n'a constatée, ni honorée de ses observations; que plusieurs dépositaires de puissance se sont empressés d'effacer, & dont jusqu'à ce jour, nul distributeur de réputation n'a daigné faire mention.

Cet ouvrage avoit été précédemment remis ou envoyé par moi à plusieurs Ministres & au Roi. Il n'a été ni dénoncé, ni accusé, ni prohibé, ni condamné; il a été anéanti; magiquement anéanti. Mais il en subsiste assez d'exemplaires pour constater son existence & la date de sa naissance. Il en subsiste assez pour pouvoir être livré à la sévérité de tous les partis, & pour porter pour ou contre moi dans l'objet dont est ici question, ET EN TOUT, le témoignage que je réclame. Mon premier *Manifeste à la Nation*, & mon *Représentant du premier Ordre*, ou *Ordre universel*, dans sa totalité, & sur-tout Article XV, Article XXXVI, &c., auroient encore fait connoître d'une maniere bien sensible, bien touchante, peut-être, combien on a lieu d'être rassuré sur tout ce que je livrerai à l'impression. Un funeste effet ou des tyrannies obscures, ou des trahisons perfides, ou du malheur incompréhensible, ou de l'obsession affreuse, ou de la fatalité barbare, dont la continuité prolongée m'a poussé à ces sentimens extrêmes, desquels mes trois Offrandes Patriotiques donneront des preuves si sensibles, si remarquables, a retenu ces objets dans la nullité, dans la captivité, pendant que les horreurs les plus licencieuses, les plus atroces, les plus funestes, les plus condamnables, ont été multipliées jusqu'au dégoût, & propagées avec une effrayante facilité. Mais la Providence qui, en me laissant accabler, se plaît à me ménager la conservation de tous mes droits, & la possibilité de leur donner une manifestation authentique & facile, a remis entre mes mains, & a laissé subsister tout ce qu'il faut pour donner, encore sur ces derniers objets, les preuves les plus convaincantes. Au surplus, mes Offrandes Patriotiques me mettront assurément au-dessus de toutes les justifications, & me dispenseront de toutes preuves quelconques.

(54)

Extrait que je viens d'annoncer ci-deſſus, ou principaux
paſſages des Lettres écrites aux Miniſtres, au Parlement,
au Conſeil, &c. en leur envoyant ledit Ouvrage (a), après
d'autres Lettres écrites, & des papiers communiqués au
Roi & aux Miniſtres, en 1776.

« L'Ouvrage ci-joint , concernant les matieres les plus
» graves, les plus importantes & les plus utiles, peut mé-
» riter par ce côté d'être préſenté au Corps reſpeſable,
» qui, par ſa nature & ſa conſtitution, ne peut s'occuper
» que d'objets de ce genre. — Plutôt profond qu'appro-
» fondi, cet écrit ſe propoſe moins de tout dire, que de beau-
» coup faire penſer. Les lecteurs qui ſauront y entendre tout
» ce que l'Auteur n'y a point expliqué, auront en cela preſ-
» qu'autant de mérite qu'il peut en avoir fallu pour le faire.
» Voulant réveiller des idées, & non pas aſſoupir par de
» trop longs développements, on le donne plutôt dans l'in-
» tention de ſonder le terrein, que dans la prétention de
» conſtruire un édifice, & dans le deſſein de prendre langue,
» que dans la perſuaſion d'avoir tout dit. — Cet hommage
» qui ne paroîtra que juſte à ceux qui le recevront, peut
» être cher à celui qui le rend , & il eſt tel pour moi.
» — On ne doit attacher aucune importance à cette dé-
» marche de ma part, je n'ai d'autre objet que de ſuivre
» les regles d'un devoir que je m'impoſe. — Tout écrit
» d'un Citoyen vertueux, fait uniquement dans la vue de
» la plus grande utilité publique, devroit être préſenté de
» droit aux premieres perſonnes & aux premiers Corps de
» l'Etat, par leurs droits, par leur rang, par leurs digni-

____

(a) Conſidérations ſur les Principes politiques de mon ſiecle,
& ſur la néceſſité indiſpenſable d'une morale politique & d'une
réforme univerſelle; par M. de Roſſi; in-8o. Londres, imprimé
par Grant Bridge Street , 1775.

» tés, par leurs fonctions, par leur mérite, fans qu'il
» y eût à cela aucune récompenfe, ni aucune célébrité at-
» tachées. Celles de ces productions qui feroient unanime-
» ment reconnues pour bonnes & utiles, feroient déclarées
» dignes d'êtres reçues, & on les deftineroit à former la
» bibliotheque particuliere du Souverain, la bibliotheque
» des Miniftres, celle du Parlement, celle du Confeil, celle
» des Académies, &c. &c. Ce feroit le tribut du génie
» offert par la vertu à la jufte puiffance, ou au mérite cou-
» ronné. Dépouillé dans cette occafion-ci des qualités qui
» devroient particuliérement le caractérifer, il pourra n'être
» recommandable que par la pureté de fes intentions ; mais
» il indiquera du moins quels doivent être les attributs né-
» ceffaires de ces productions, & à quels titres elles pourront
» obtenir de l'équité, ce que je n'obtiendrois que de l'indul-
» gence. — J'efpere que tout ce qui naîtra de mon travail
» fera dans le cas d'être également préfenté ; ainfi je puis
» m'engager dès-à-préfent à remplir ce devoir dans les autres
» occafions. Mais pour donner à cet hommage toute fa va-
» leur, il faut le rendre digne de ceux à qui il eft offert,
» en recevant d'eux-mêmes les lumieres & les confeils qui
» peuvent m'être néceffaires. — Le Soldat doit fon bras à
» l'Etat, & l'homme qui médite lui doit fa tête ; mais ce-
» lui-ci peut s'abufer dans l'ufage qu'il en feroit. Il doit exa-
» miner parmi les diverfes manieres de l'employer utile-
» ment, s'il n'en eft point où il fe trouveroit de l'alliage,
» & où le danger feroit à côté du bien. Il doit choifir celle
» par laquelle il peut fe rendre plus conftamment, plus
» véritablement utile, quand même elle lui fourniroit moins
» d'occafions de donner effor à fon génie, de montrer toute
» l'étendue de fes vues, toute la fupériorité de fes lumieres,
» quand même, en un mot, elle feroit moins favorable à
» fa gloire ; c'eft-à-dire, à cette fauffe gloire que les hom-
» mes fe font accoutumés à accorder à l'efprit plutôt qu'à

D 3

» la vertu, aux qualités brillantes, plutôt qu'aux qualités
» utiles. — Partant donc de ce point, si l'on trouvoit dans
» l'ouvrage actuel quelque chose de repréhensible, si on
» y trouvoit quelqu'article qui corréspondît peu au prin-
» cipe indestructible que je me suis imposé de ne jamais
» rien enseigner, de ne jamais rien dire aux hommes qui
» puisse porter atteinte à la vertu, à l'ordre & au bonheur
» public, & à la loi que je me suis faite de sacrifier, non-
» seulement ma vie, mais ma gloire même, s'il le falloit,
» à l'amour du bien & à l'utilité générale ; il m'importe-
» roit d'en être instruit, & je prie qu'on me le dise après
» l'avoir jugé avec toute la sévérité, non pas littéraire,
» mais législative, me soumettant d'avance à toute juste
» réprimande que je pourrois recevoir à cet égard ».

(4) Qu'on ne se hâte point de préjuger mes principes,
& de décider d'après quelques phrases, dans quel parti
on doit me ranger. Qu'on se ressouvienne que dans la
troisieme division de mes Observations, j'ai compté parmi
les principaux sentiments qui m'animent, *un ardent dé-
sir de voir faire, sans aucun retard, tout ce qui est hu-
mainement exécutable pour arriver promptement au plus
grand bien ou au moindre mal possible.* Très-sincérement
& très-passionnément dévoué à l'ordre général, au bonheur public, & accablé d'une vie passée toute entiere
à en apprendre, à en méditer les vrais principes, je ne
demande pas de quelle classe je suis ; je cherche quels
hommes sont de la mienne. D'ailleurs, pour remplir mon
objet, il faut que j'obtienne la confiance de toutes les
classes. C'est encore une des causes puissantes qui m'ont
déterminé à la complete renonciation à tout ce qui pourroit être présumé susceptible d'influencer mon opinion.

(5) Pour augmenter l'efficacité de ce que je dis en
ce lieu, & donner plus d'extension à ce que j'annonce,
page 24 de cet écrit, paragraphe second, je déposer.

chux les mêmes Officiers publics où j'ai promis de déposer, après l'expofition de mes trois Offrandes Patriotiques, toutes les pieces, explicatives ou juſtificatives
relatives à ce que j'aurai pu dire ou avancer de plus
frappant ou de plus extraordinaire ; j'y dépoferai auſſi,
dis-je, ce qui fera néceſſaire pour prouver que depuis
la plus miſérable de toutes les cauſes de vanité jufqu'aux
plus juſtes raifons & aux plus nobies droits à l'eſtime
de foi-même, en faifant même une totale abſtraction
de mes vingt-cinq ans de travaux & de facrifices, j'avois de
quoi partager toutes les fottiſes de mon fiecle, &
rivalifer avec toutes les prétentions de mes Contemporains. J'avois même depuis quelques années mis un peu
plus de foin à quelques raſſemblements néceſſaires à cet
égard, pour donner plus de poids à des principes utiles
& à des opinions énergiques par leur oppoſition avec mon
propre intérêt ; & pour faire en cela ce qui a lieu relativement à l'honneur des femmes, qui, a-t-on dit, femble
n'avoir été imaginé que pour être facrifié.

(*) On voudra bien, feulement, à l'égard du dernier,
qui eſt fufceptible de difcuſſions & de difficultés, & dont
les propriétaires débiteurs actuels méritent de très-juf-
tes ménagements, ufer de la même réferve & de la même
délicateſſe que je m'étois impoſée à moi-même. Succé-
dant à mes droits, je me flatte qu'on voudra bien auſſi
fuccéder à mes fentiments & à mes procédés. Je m'ex-
pliquerai fur cela quand il en fera temps, avec qui il
appartiendra.

(**) Ce ne font point à mes yeux des pieces d'élo-
quence ni des chefs-d'œuvre d'efprit, ce n'eſt point comme
tels, ce n'eſt point fous cet afpect que je les prife ; ce
font de ces chofes qui ne font dues qu'à un concours de
circonſtances & de méditations incroyables ; ce font des

combinaifons, des apperçus, des rapprochements extraordinaires ; des analyfes un-raifo, des calculs d'idées & de
faits ; l'homme, le cœur humain, les principes & les
réfultats de fa fociabilité & de fa perfectibilité méchanique & intellectuelle affujettis à une forte d'anatomie, à
une espece de chimie qui m'ont conduit à des folutions
inconnues & à de précieufes découvertes.

Ce font enfin des preuves qu'avec cent fois plus d'efprit, nous fommes en fage politique mille fois au-deffous des
anciens, & que les anciens n'étoient pourtant encore qu'aux
éléments de la fcience légiflative. Les effets de leur politique
reffembloient beaucoup au bonheur de l'enfance. Avec des
idées bien plus étendues, avec tant de matériaux de plus
& une fi grande complication de moyens, tâchons donc
de parvenir à une fomme de félicité publique, où la pro-
greffion & la proportion fe trouvent obfervées, & ren-
fermées, en raifon directe de cette augmentation de
moyens, de cette richeffe d'idées & de cette multitude de
matériaux. Il a peut-être fallu, pour devenir l'auteur &
le poffeffeur de ces matériaux, un affemblage de données
& de hafards uniques, un concours de chofes que mille
ans ne renouvellent pas, & que l'inconcevable hiftoire
de ma vie pourra feule expliquer & éclaircir.

Quoi qu'il en foit, ils exiftent, & il importe de ne pas
les laiffer anéantir ; & ce qu'il y a de très-frappant & de
très-original, c'eft que je crois pouvoir ofer dire que leur
confervation importe à tout le monde, excepté à moi ; car,
quant à moi, je n'ai pas befoin pour mon bonheur d'une
feule des mille milliards de lignes que j'ai écrites ; & de
plus, il ne me refte plus aucun defir de prendre la moindre part perfonnelle à quoi que ce foit au monde.

Mais s'ils contiennent de grands réfultats légiflatifs :
il y va fans doute de l'intérêt de tous. Si, de grands
réfultats pour l'éducation nationale : encore de l'intérêt

de tous. Si, de grands réfultats métaphyfiques & philofophiques : il y va de l'intérêt de tous ceux qui aiment la
raifon humaine & qui en apprécient la jufte puiffance. Si,
de grands réfultats pour la moralité des arts : il y va
de l'intérêt, tout au moins, de ceux qui defirent que les
chofes aimables foient accompagnées de tous les moyens
de devenir utiles. Si, de grands réfultats pour certaines parties
des lettres & des talents : il y va de l'intérêt de ceux qui apprécient tout ce qui peut jetter quelques rofes fur les terribles
épines de la vie. Si, de grands réfultats dans des genres
de pure curiofité ou de fingularité : il y va encore de l'intérêt
des curieux. Si, de grands réfultats pour des théories phy-
fiques, morales, politiques & métaphyfiques : il y va
de l'intérêt direct des plus grands hommes du monde,
des premiers génies de la terre, & de l'intérêt indirect,
mais très-pofitif, des hommes qui doivent être un jour
éclairés & guidés par ces génies, par ces grands hommes ; & enfin, s'ils ne contiennent que de triftes, de
plates, de ftériles, de miférables fottifes : il eft de l'intérêt des obfervateurs de s'affurer comment le foyer où
fe font raffemblés des milliers de rayons produits par le
concours de tant de caufes heureufes & fécondes, n'a
pourtant été que la matrice d'un fot.

Si, pour m'expliquer, pour être écouté, & pour qu'on
fe hâte enfin de faire ufage de tant de chofes utiles, une
inconcevable & tyrannique deftinée ne me forçoit pas à
prendre cette voie, on doit bien comprendre, bien fentir
que ce ne feroit pas celle que j'aurois préférée.

(***) Je dois prendre cette occafion de fupplier beaucoup de gens de ma connoiffance, & même beaucoup de
mes amis, de ne point attribuer à aucun oubli, ou à
aucune négligence de ma part, le temps confidérable que
j'ai paffé fans les voir, ou les intervalles énormes que j'ai
mis dans l'exercice de mes devoirs fociaux. Je fuis in-

capable de cet oubli, de cette négligence envers ceux
que j'aime, envers ceux que j'estime, & même envers
toute personne de laquelle j'aurois reçu la moindre honnêteté. Hélas! si je leur faisois mon histoire, ils ver-
roient que je n'ai vécu que des plus horribles privations;
que je me suis arraché à toute jouissance. Depuis dix-huit
ans, à quelques semaines ou quelques journées près, le plus
terrible, le plus continuel, le plus accablant travail a
été l'objet unique de toutes mes pensées & de toutes mes
assiduités. Ce n'est qu'à la hâte, à la dérobée, & quelquefois de la maniere la plus cruelle, que j'ai satis-
fait mes besoins les plus indispensables; & cela, après
avoir acquis, par mon éducation, par l'habitude, & par
les circonstances qui ont environné mes premieres années, le goût & le droit d'être délicat en tout.

O mes amis! vous verseriez des larmes de sang, si
je vous racontois comment j'ai passé quelquefois ces
jours célebres, que les plus grands & les plus petits con-
sacrent habituellement aux plaisirs & aux festins. Telles
ont été mes peines journalieres, que je me susse trouvé
mille fois plus heureux à la Bastille, & toutes les récen-
tes descriptions qu'on en a faites, ne m'ont pas corrigé
de le penser; aussi c'est sans aucune hésitation, sans aucun regret, que je fais maintenant un abandon général
& un sacrifice universel. Il n'existe plus aucun dédommage-
ment pour moi sur la terre. La puissance de tous les Rois
réunis ne pourroit me donner aucun équivalent du
mal horrible que j'ai reçu de mes semblables & même
de mes plus proches, pour ne m'être jamais occupé que
de leur bonheur.

(****) Pour comprendre ceci dans toute son étendue,
les lecteurs peu exercés auroient peut-être besoin d'avoir
vu dans un de mes ouvrages précédents, (que je ne sais
quelle tyrannie obscure a empêché de paroître dans leur

temps,) un article qui traite DE LA PROPORTION A OBSERVER ENTRE LA LIBERTÉ POLITIQUE ET LES PRO-PRIÉTÉS CIVILES; DE L'IGNORANCE DANGEREUSE ET GROSSIERE, QUI PEUT SEULE FAIRE PERDRE DE VUE L'INDISPENSABLE NÉCESSITÉ DE CETTE PROPORTION; ET DU DÉSORDRE FATAL QUI NAÎTROIT INÉVITABLE-MENT D'UNE TROP GRANDE EXTENSION DE LIBERTÉ POLITIQUE DANS UN EMPIRE OU LES PROPRIÉTÉS CIVI-LES SEROIENT DANS UNE IMMENSE DISPROPORTION AVEC CETTE LIBERTÉ POLITIQUE.

(6) Je refufai cet honneur ; mon refus eut pour principal motif réel le defir de me livrer entiérement aux travaux auxquels je me fuis confacré ; & pour fecond motif, le projet que j'avois de ne plus faire ma principale réfidence à Paris : projet que j'exécutai peu de temps après, & qui a eu lieu plus de dix ans. Les mêmes raifons m'empêcherent de m'affocier à aucun Club, à aucune Inftitution Philofophique ou Litté-raire, ainfi que de refter au premier Lycée & à la Loge des Neuf-Sœurs, malgré les plus vives inftances de M. Court de Gebelin, & de beaucoup d'autres.

(7) Dans tous les cas, ce tranfport, ainfi que celui des objets fuivants, feroit indifpenfable, diverfes circonf-tances, & par-deffus tout mon action préfente me mettant hors d'état de conferver un logement propre à contenir des effets qui demandent beaucoup d'emplacement. Il le faut encore, parce que la confervation de beaucoup d'objets compris dans cette totalité eft de première nécef-fité, & exige par conféquent un afyle fûr. Toute la France, l'Europe entière peut-être, cette Europe vraiment éclairée, l'aréopage du globe, le banquet des mille fages, cette réunion de penfeurs robuftes & vertueux, pour qui la philofophie, la politique, la morale, la métaphyfique

marchent de concert, tendent à un même but, se réunis-
sent autour d'un même centre; & ainsi réunies, ainsi
dirigées, ainsi fortifiées l'une par l'autre, ne font encore
que la matiere premiere des Légiflateurs & des Légif-
lations, cette affemblée de Sages vraiment animés de ce
que la vérité enfeigne, de ce que la raifon découvre
& de ce que la vertu prefcrir pour le plus grand bien
POSSIBLE de leurs femblables; cette refpectable Affemblée,
dis-je, cette augufte partie du genre humain, cette
véritable élite de l'Europe, auroit lieu quelque jour,
telle chofe qui puiffe arriver, d'avoir trop de regrets, fi
ces objets fe trouvoient tous anéantis, & un temps viendra,
indubitablement où on les retrouvera avec grande fatis-
faction. Il m'en coûte peu aujourd'hui pour ofer m'en
exprimer de cette forte. Je ?? ce que doit & peut dire
un homme que tout ce qu'il a éprouvé & tout ce qu'il
voit parmi vous, a rendu également indifférent au blâme,
à la louange, à la fortune, à l'adverfité, à la peine, à
la récompenfe, à la vie, à la mort, aux injures & à
la gloire. Je ne réclame des protections & des fecours,
s'il exifte encore des fecours & des protections, que pour
la plus effentielle partie de ma vie, qui confifte dans
les réfultats, dans les fruits du continuel ufage que j'en
ai fait; & je ne réclame cette protection que parce qu'elle
concerne le bien de tout ce qui refpire, excepté le mien.
Eft-ce le plus jufte droit, animé par le plus preffant intérêt
pour la chofe publique, ou, le comble de la folie & de
l'orgueil qui m'infpire de femblables penfées, & le courage
de les mettre au jour? C'eft ce qu'il eft aifé de véri-
fier, non-feulement par la nature des chofes que j'offre
de mettre, fans aucun retard, entre les mains du Public,
fi on veut m'environner de tous les moyens d'accélératiou
néceffaires pour y parvenir; mais encore, fi on le defire,
par des conférences de fix heures par jour, pendant fix

mois, avec les cinquante perfonnes de France les plus
fages, les plus inftruites, les plus habiles & les plus
fincérement, les plus vertueufement dévouées au bien
général.

Je n'ajouterai qu'un mot. Connoiffant un peu la nature
humaine, & dans fes affections paffives comme dans
fes affections actives, les utiles réticences de la modeftie
ne me font pas étrangeres, & je n'ignore pas l'art de les
employer utilement. Mais, prudente modeftie, mal-
adroite franchife ou impolitique orgueil, tout eft égal;
lorfque, comme moi, par un concours de penfées, d'ac-
tions, de facrifices & de pofitives réfolutions, on re-
nonce à tout en tout genre, au moral comme au phyfique,
dans le regne des illufions comme dans celui des réa-
lités. Je dois pourtant avouer avec une complette fin-
cérité, que jamais mortel ne porta plus loin que moi,
peut-être, le defir de la gloire, & fur-tout l'amour de
l'univerfelle eftime de fes femblables; mais ne m'étant
jamais venu dans l'efprit de parvenir à les mériter autrement que par des travaux, des lumieres, des talents &
des vertus, j'ai eu lieu d'être plongé dix fois, mille fois
dans les ondes ameres du plus complet dégoût & du plus
déchirant défefpoir. J'ai connu toute la turpitude, toute
l'abomination de l'ancien régime. Je les ai fenties, dévoi-
lées, combattues plus hautement, plus directement, plus
courageufement, plus conftamment & depuis plus long-
temps qu'aucun de mes Contemporains. Je connois auffi
toute l'effence fubftantielle effective du nouvel ordre
des chofes. J'en apprécie l'état actuel & les réfultats fu-
turs; & une feule penfée me refte comme dernier produit
de mille autres penfées; un feul fentiment m'infpire, une
feule réfolution m'anime, celle de n'attacher plus aucun
prix, parmi nous, à tout ce que les hommes peuvent
donner ou ôter. L'infortune, la calomnie la nullité civile

& politique, les petites-maisons, les chaînes, l'échafaud
ou l'opprobre, loin de m'effrayer, loin de m'arracher
une larme, me paroîtroient un bienfait, s'ils étoient ac-
compagnés de la certitude parfaite & de la conviction
profonde que la France est enfin heureuse, & qu'après
tant de vices, tant de sottises, tant d'horreurs & tant
d'infamies, c'est enfin réellement la raison, la vérité, la
justice & la vertu qui regnent sur elles.

D'après ce que j'ai dit, pages 21 & 22, relativement à la Société
Philantropique, & aux paquets cachetés, que, dès l'année 1786,
j'ai déposés dans son sein, avec destination d'être ouverts à une
grande époque, & lorsque j'enverrois un signal indiqué ; je dois
desirer & je desire encore que ce soit par elle ou par quelques-
unes de ses Membres choisis par eux-mêmes & par moi, que soient
recueillis pour la Nation & au nom de la Nation dont ils seront,
à cet égard, les dépositaires immédiats, sous les objets dont j'ai
proposé dépôt ou donation, & auxquels il convient de donner un
asyle sûr & durable : durée, sûreté, inviolabilité à l'égard desquelles
je prendrai, de concert avec les respectables Citoyens désignés
pour cet objet, les mesures convenables.

(*N. B.*) Comme ce ne sera qu'en cet
instant que la France commencera à connoître
un peu un Citoyen qui devroit, depuis si
long-temps, jouir, j'ose le dire, de sa plus
complette estime ; je prie MM. les Journalistes, ainsi que toutes les personnes qui auront
occasion de faire quelque mention de moi, de
ne pas dénaturer mon nom, en croyant se
conformer au Décret de l'Assemblée Nationale.
Telles suppressions & telles réductions que l'on
fasse, il est impossible de m'appeller autrement

que *Joseph de Rossi* ; c'est littéralement mon nom réduit à sa moindre existence possible. Ce n'est point un nom de terre, c'est mon nom de famille ; c'est le nom primitif & originaire d'une ancienne & puissante maison qui a possédé & qui possede encore une multitude de seigneuries & de fiefs, avec les noms qui leur ont été affectés. Qu'on dépouille tant qu'on voudra dans l'Europe entiere, ces possesseurs féodaux, si on croit ajouter par-là au bonheur & à la félicité publique. Mais quant à moi, à qui l'on ne peut plus rien ôter en ce genre, & qui donne encore tout ce qui me reste, qu'on me laisse au moins mon nom sans le dénaturer, sans le mutiler, tel qu'il est dans les baptisteres de mon pere, de mon grand-pere, &c., ainsi que dans le mien.

De plus, on voit & on conçoit que je suis d'origine étrangere, & que mon patriotisme, avec toutes ses dérivations, est nécessairement plus volontaire, plus sentimental, plus spontané, plus libre, plus indépendant d'aucune cause seconde ; mais aussi, dans tous les cas, il ne peut pas m'assujettir ni à l'esprit, ni à la lettre du Décret en question.

Postscriptum.

On peut juger facilement, en cet instant, qu'il étoit de toute nécessité & pour la chose

publique & pour moi, que cet écrit fût lu, &
fût lu avec attention. La premiere feuille en
étoit déjà imprimée avec le simple titre de :
Mes trois Offrandes Patriotiques (*a*), lorſ-
qu'après un mûr examen, j'ai confidéré que la
fimplicité & le genre de ce titre pourroient
bien n'attirer aucun leĉteur (*b*). Alors me rap-
pellant que parmi mes innombrables matériaux
il en étoit quelques-uns que j'avois deſtinés à
donner par pluſieurs parties, qui porteroient
& avoient le droit de porter le titre de :
Porte-Feuille inconcevable ; & que je ſerois
dans le cas de faire paroître une maſſe principale de ces matériaux, ſous le titre général
de : *Matériaux pour une future légiſlation, ou,
pour notre ſageſſe & notre proſpérité futures* ; j'ai
penſé qu'il devenoit néceſſaire de me ſervir
de quelques-uns de ces titres, même en cet
inſtant, pour l'objet aĉtuel ; & je l'ai fait.

(*a*) Ce dont on peut s'aſſurer, & par l'épreuve que
j'en conſerve, & chez M. Jorry, Imprimeur, rue de
la Huchette.

(*b*) En effet, nos leĉteurs aĉtuels ſont aujourd'hui
dans la même fituation que ces Orientaux, ce Mithridate,
ces Sauvages, auxquels les liqueurs les plus fortes, l'opium
& le poiſon, ne faiſoient plus aucun effet.

OUVRAGES

OUVRAGES

DÉJA PUBLIÉS PAR LE MÊME AUTEUR, ET DEUX MOTS SUR LE SORT ÉTRANGE QU'ILS ONT EU.

Considérations sur les Principes politiques de mon siecle, & sur la nécessité pressante d'une morale politique ; in-8°. Londres, 1775, imprimé par A. Grant, Bridges Street.

Sur la fausseté, le vice, & le danger des Principes politiques de mon siecle en général, & de la Constituzion Françoise en particulier, &c. édition entiere supprimée & disparue à mon insçu & à celui du Public, à l'exception de quatre-vingt exemplaires qui m'ont été apportés par mes amis, & dans les pochés du Courier.

Peu lu, peu compris, souverainement oublié ou très-mystérieusement retenu, dédaigneusement reserré ou mis à l'écart ; personne n'en a dit un seul mot au public. Cependant quelques-uns des hommes les plus sages & les plus éclairés de l'Europe, m'en ont fait les plus flatteurs éloges, & ont dit entr'autres choses, qu'en 1775, *mon ouvrage étoit si vieux & la France si jeune, que je ne parviendrois jamais à leur faire faire société ensemble.* Cependant il contenoit avec modération, avec equité, avec sagesse, & sur-tout avec un grand respect pour les bases de toute législation, pour l'ordre nécessaire & pour la morale indispensable, les principes fondamentaux d'une sage Constitution & d'une louable révolution.

E

Essai sur l'état actuel de l'Esprit humain, & sur les vices politiques des Corps Civils, Politiques & Littéraires. &c. in-8°. Genève, 1786.

A l'exception d'environ deux cents exemplaires que j'ai donnés, j'ignore ce qu'est devenu le reste de l'édition tirée à mille. Sur les deux cents donnés, je compte ceux envoyés à tous les Journalistes. Il fut absolument impossible, & à moi, & à mes amis, & à plusieurs abonnés distingués qui s'en mêlerent, même après avoir rempli les formalités nécessaires, de parvenir à obtenir d'aucun Directeur de Journal d'en parler, fût-ce même d'en dire du mal sans aucun ménagement, s'il y avoit lieu le moins du monde.

Lettre sur l'Emile de Rousseau, & sur le vrai principe général d'Education sociale. Ecrit qui occasionna instantanément une petite correspondance accessoire assez singuliere, mais que personne ne chercha à faire connoître.

Leçon aux Rois, ou Notice intéressante sur l'Empereur Joseph II, in-8°. Amsterdam, 1777.

Ouvrage d'une assez médiocre conséquence à mes yeux, au sujet duquel il fallut pourtant faire plus de négociations que pour le salut d'un Empire; négociations pendant lesquelles l'ouvrage fût entiérement imprimé, préparé, broché, & dont le dernier résultat fut enfin l'entier anéantissement de l'édition, dont il ne reste qu'un seul exemplaire que je possède. C'est cet unique exemplaire, qui, ensuite, pendant le dernier voyage de l'Empereur à Paris, fut offert par un sacrifice vraiment pénible pour moi, & comme un hommage auquel ce sacrifice pouvoit donner quelque prix; fut offert, dis-je, à la Reine, & refusé par elle, sans qu'elle sçût de quoi

il étoit question, & sans que j'aie jamais fait la moindre
démarche, depuis, pour qu'elle fût instruite ou de la
nature de l'écrit, ou de l'hommage ou du sacrifice, ainsi
que de la précédente destinée bisarre de cet ouvrage.

*Discours sur l'utile respect dû à l'autorité, & sur la juste
défiance qu'il faut avoir de soi-même en jugeant les hommes supérieurs,* 1779. Écrit, que par dégoût & par en-
nui, j'ai négligé de mettre au jour d'aucune maniere particuliere, & que j'ai laissé insérer seulement dans un volume de la Bibliotheque du Nord, Ouvrage périodique
qui a été abandonné.

*Preuve sans replique des progrès incontestables que les
François ont faits en musique,* très-petite brochure *in-8°.* 1777.

Morceau sur divers objets essentiels, envoyé au Journal
de Politique & de Littérature en 1776 ou 1777.

Le numéro dans lequel il étoit inséré, étoit déjà imprimé & presque prêt à paroître, lorsqu'il arriva un ordre précipité de supprimer mon morceau. Il fallut faire
un travail très-pénible pour supprimer & remplacer ce
morceau dans le Journal; le service public manqua; on
n'eut point le numéro le jour où l'on devoit l'avoir; un
Commissaire & un Inspecteur de Police vinrent chez moi
avec un ordre du Roi; mais tout cela, d'une part, avec
tant d'égards & de politesse; & de l'autre, avec des circonstances si extraordinaires, que ces détails doivent être
remis à une autre occasion.

*Plan général pour une refonte universelle des connois-
sances humaines, & pour leur application positive & leur
direction immédiate à la véritable sagesse des Nations &
au vrai bonheur possible des Hommes & des Empires.* 1778.
M. S.! in-4°. &c.

Ce travail alors vu avec beaucoup de plaisir par plu-

(68)

fieurs perfonnes, entr'autres par M. de Servan & par M. de
Provencheres, un des hommes les plus eftimables & les
plus rares (fans aucune célébrité) que la France ren-
ferme; vu, cenfuré & approuvé par M. Cadet de Sen-
neville, prêt à être mis au jour, difparut, fut égaré,
courut, & ne me revint que long-temps après. Déjà mon
efprit s'étoit porté fur d'autres objets, un autre travail
m'occupoit. Une maladie, un grand tranfport de domi-
cile fuccéderent ; les collaborateurs que j'avois choifis
étoient difperfés ; l'inquiétude de l'ufage qu'on pouvoit
avoir fait de mon manufcrit, mes avances, mes foins,
mon temps, mes peines, mes travaux, mes facrifices,
mes veilles, mes efpérances toujours perdues; que de raifons de n'éprouver que le plus accablant dégoût! je le
croyois à fon comble, & je me trompois bien.

*Motifs effentiels de détermination pour les Claffes Privi-
légiées, ou échantillons de Politique indifpenfable, in-8ª.
Paris, Avril, 1789.*

Je confacrai le profit de cet ouvrage aux malheureux,
dans un temps où il y en avoit prodigieufement, & où
l'infenfibilité réfléchie n'avoit pas encore eu les raifons de
faire les immenfes progrès qu'elle a faits depuis. Il fut
annoncé de beaucoup de manieres, & affiché comme def-
tiné à cette bonne œuvre. Cette annonce étoit accompagnée des précautions les plus claires, & des preuves
les plus évidentes, que rien ne pouvoit détourner l'effet complet de cette intention. Les Libraires cependant ne
perdoient en rien le jufte droit qui leur revenoit ; tout
étoit préparé avec quelque bienfaifante fageffe. Eh bien!
les Officiers publics dépofitaires, n'en ont eu aucun débit; les Libraires n'en ont point voulu; les malheureux
n'y ont pas gagné fix louis. Aucun Journalifte n'en

a dit un traître mot, quoique j'euffe envoyé aux principaux & lettre & priere, & annonce & exemplaire. Un
feul homme de Lettres de la premiere diftinction en a
parlé un inftant, & l'a loué en pofte pour compléter un
rempliffage dans le Journal célebre auquel il doit quelque tribut ; le tout fans favoir & fans que je me fois
en aucune forte occupé de lui apprendre que j'en fuis
l'auteur.

· *Les Voleurs, les Mendiants, les Salariés*, in-8°. Paris,
1789. Petite brochure affez piquante, à laquelle j'ef-
pérois que quelqu'un me répondroit, & alors la Replique m'auroit fourni des chofes d'une utilité très-effen-
tielle. Mais perfonne n'a foufflé, & je ne ferois pas étonné
qu'on ne l'eût pas même lue, quoique le mot *Voleurs*
foit bien dans le noble genre qui poffede aujourd'hui la
gloire exclufive d'arrêter tous les lecteurs & d'obtenir
tous les fuffrages.

Principes & matériaux pour une fage Légiflation ; ouvrage confidérable, annoncé au commencement de 1789,
comme tout prêt, & difpofé à paroître dès que le fui-
vant, plus preffant encore à cette même époque, Avril
1789, auroit vu le jour.

Le Repréfentant de l'Ordre univerfel, ou ma Conftitu-
tion provifoire ; ouvrage fait au commencement de 1789,
dont un quart a été imprimé avec d'inconcevables re-
tards & d'incroyables lenteurs, enfuite fufpendu, & le
tout refté là, par un effet fans doute de mon inexplica-
ble étoile, ou par une fatale deftinée bien plus générale & bien plus fouveraine, puifque cet ouvrage contenoit de faciles moyens de faire le bien de tout le monde
fans faire le mal de perfonne ; réfultat (bien plus fimple,
ple, bien moins étonnant, bien moins méritoire qu'on

ne croît) des réflexions perpétuelles d'une tête exercée pendant vingt ans de méditation fur le même fujet, effet, bien plus natu.el qu'on ne penfe, du principe, peu connu, mais bien vrai, qu'il eft bien plus aifé de faire le bien politique que de guérir le mal moral; cet effet, ce réfultat, étoient d'ailleurs conformes aux principes que j'avois établis dans le corps de l'ouvrage, particuliérement dans les chapitres intitulés : *des réformes & fuppref-fions précipitées; de la Juftice relative & de la juftice réelle*, &c. & que quinze ans plutôt j'avois déjà exprimés dans cette phrafe de mes Confidérations fur les principes politiques de mon fiecle, dont la révolution actuelle fera quelque jour la fortune & la gloire; page 58 . . . . . TOUTE LÉGISLATION SAGE DOIT CHERCHER LA MOYEN-NE PROPORTIONNELLE ENTRE LE BIEN DE LA GÉNÉRA-TION SUIVANTE, ET LE MAL DE LA GÉNÉRATION AC-TUELLE. (*a*) C'eft l'infupportable orgueil, c'eft l'inexpli-cable nullité d'un des plus grands perfonnages de France, qui ont horriblement contribué à l'anéantiffement de tant de chofes que je trouvois alors, feulement utiles, & que je trouve aujourd'hui inappréciables. C'eft encore l'inex-tinguible vanité, & l'extravagante bouffiffure d'un homme que vous aviez déifié, & à l'autel duquel je me fuis im-molé, parce que cet autel étoit alors identifié par l'er-reur & la prévention publique, avec l'autel de la Pa-trie (*b*).

(*a*) Cette phrafe étoit déjà en lettres capitales dans mon ou-vrage de 1775, tant je prévoyois la néceffité de faire attention au principe qu'elle préfente !

(*b*) Vous verrez inceffamment les preuves de cet affertion.

Adresse aux Assemblées Electorales de France, sur les dispositions politiques & morales qu'il faut nous presser d'avoir, in-8°. Juin, 1790.

Ecrit d'une utilité majeure, sur-tout pour les circonstances présentes, & qui a tout le piquant qu'un ouvrage, sérieusement utile peut avoir ; écrit que j'ai donné, envoyé, présenté, indiqué ou voulu faire indiquer partout où besoin est. Un des plus fameux Libraires de France voulant me faire connoître le peu d'espoir qu'il concevoit du succès & du débit de cet ouvrage, m'a dit ce mot vraiment mémorable, & qu'il ne faut point laisser ignorer à la postérité : « EH, MONSIEUR ! PAS MÊME LA DÉNONCIATION CONTRE M. DE SAINT-PRIEST NE PEUT SE VENDRE ACTUELLEMENT ». Mot unique, par l'ingénuité de celui qui le dit, & par les terribles & accablantes réflexions qu'il peut fournir au penseur profond. Mot qui eût suffi à Montaigne, à Jean-Jacques, à Fénelon, à Bacon, à Montesquieu, pour connoître la totalité de la situation morale & politique de la Nation à laquelle il auroit appartenu. Mot qui annonce bien clairement à tout observateur pénétrant, à tout moraliste un peu géométre, une incurable maladie, inaccessible à tous les remedes. Mot d'ailleurs parfaitement conforme à ce que j'ai écrit moi-même il y a un an, pag. 21, du onzieme ouvrage mentionné dans la note actuelle.

RÉFLEXION *essentielle & nécessaire sur la totalité de l'Ecrit précédent.*

Assujetti à la nécessité, autrefois si douce, si aimable (*a*), aujourd'hui si triste de parler de soi, il a bien fallu s'y soumettre ; mais j'en apprécie les inconvénients & les dangers plus rigoureusement peut-être que personne.

Depuis que chacun veut être tout, il ne permet à personne d'être quelque chose. Depuis que toutes les prétentions ensemble se trouvent accumulées sur un seul individu, il n'est pas permis à un individu d'avoir même une seule prétention. Depuis que chaque personnage veut occuper de lui tout l'univers, il est enjoint à toute personne de ne jamais s'occuper d'elle. C'est ainsi que, par une marche assez juste, une monstruosité engendre une autre monstruosité. L'égoïsme de tous s'oppose à l'égoïsme de chacun ; & par une contradiction & une absurdité vraiment incroyables, le système de l'intérêt personnel adopté généralement par le siecle actuel, comme théorie positive & comme pratique indispensable, est en même

____

(a) Voyez Montaigne, voyez Cicéron, voyez Plutarque, voyez Caton, voyez Homere, voyez toute l'Iliade, voyez mille parties de l'Histoire ancienne ; c'est l'épouvantable orgueil des sots & des vicieux modernes qui a ordonné l'abnégation au talent & à la vertu. C'est le monstrueux égoïsme de ce siecle sur-tout, qui a établi sur le génie & sur le mérite l'impôt du silence & de la modestie.

J'ai traité cet objet avec beaucoup de développements essentiels, dans mes Considérations sur les Principes politiques de mon siecle, pag. 179 & suiv., & 238 & suiv.

temps défendu à chaque particulier comme crime irrémif-
fible. Il me femble voir un peuple entier faire conftruire, à
grands frais, une grande & fuperbe route, & puis chacun
y vouloir paffer tout feul, & prononcer des peines capitales contre quiconque ofera s'y préfenter. De même ici
chacun protege le fyftême de l'intérêt perfonnel, comme
excellent, comme inconteftable, comme univerfel ; mais
fous condition tacite qu'il fera univerfellement négligé par
tous, excepté par lui. C'eft une regle qu'on appelle générale, mais dont on ne fouffre point qué perfonne cherche
à recueillir le bénéfice. C'eft un principe qu'on affirme
être indeftructible dans tous les cœurs ; mais on n'en pardonne aucune explofion, aucun mouvement dans tout
autre cœur que dans le fien propre. C'eft, dit-on, le
levier moral du monde ; mais on veut mouvoir ce levier
tout feul, afin que le monde entier ne remue que pour
foi. Or, comme de tous les égoïfmes, celui de parler de
foi, eft le plus facile, c'eft auffi celui qu'on pardonne le
moins. Et depuis que la rage d'écrire s'eft emparée des plus
pervers, des plus inutiles, comme des plus bornés, & que
la rapide & indulgente Imprimerie a donné une exten-
fion immenfe & accablante à la facilité de parler de foi
à cent mille perfonnes à la fois, ce qu'on admiroit jadis
dans Montaigne, eft abhorré aujourd'hui, & on ne permet
plus à qui que ce foit de l'imiter, tels élevés, tels importants que puiffent être fes motifs.

J'aurois donc été bien mal-adroit de m'expliquer
comme je l'ai fait en beaucoup de pages de cet Ecrit,
& de me livrer avec tant de fimpleffe aux détracteurs
actuels, fi je confervois quelque prétention, quelque
defir, quelque efpérance. Mais complettement indifférent
à cet égard, & uniquement pénétré des penfées que j'ai
fi pofitivement exprimées, page 60 de cet Ouvrage, il

me reſtoit uniquement à conſidérer combien il impor-
toit à mes contemporains, & aux vrais intérêts préſents
& à venir de l'eſpece humaine, que je parvinſſe à hâter,
à précipiter la difficile publication de mes matériaux. Il
falloit donc que j'entraſſe dans les détails les plus propres
à me conduire à ce but. Aucun reſpect humain, aucune
crainte n'a dû m'arrêter ; & pour conſommer ma complette
imperſonnalité de choſes, il a fallu me livrer à quelque
perſonnalité de mots, & m'expoſer avec courage au
terrible ridicule aujourd'hui attaché à ce grand crime.

Mais après tant d'obſtacles apportés à mes plus généreux deſſeins, à mes plus pénibles ſacrifices ; deſſeins,
ſacrifices inſpirés par le plus complet oubli de tous mes
intérêts ; après tant de traverſes, après tant de malheurs,
aurai-je encore celui de trouver des lecteurs aſſez injuſtes
pour ſe plaindre, pour me blâmer d'une perſonnalité de
cette eſpece ? Seront-ils aſſez peu éclairés, aſſez peu réfléchis pour ne pas conſidérer que dans ſon teſtament, un
homme ne peut & ne doit parler que de lui ? Et s'il en
eſt ainſi dans un ſimple teſtament ordinaire, combien cela
ne doit-il pas être davantage dans un teſtament tout à la
fois civil, moral, politique, littéraire & légiſlatif ? dans
un teſtament après lequel, volontairement dépouillé de
tout, on veut ſe ſurvivre à ſoi-même, & reſter encore
tout entier pour autrui, en demeurant anéanti pour ſoi ?
dans un teſtament où l'on ne parle de ſoi-même, cette
fois, que pour parvenir à n'en parler plus jamais (a) ? dans
un teſtament où l'homme perſonnel s'immole ſans réſerve,

____

(a) Je développerai vraiſemblablement mon idée à cet égard dans
le Mémoire ſuivi, détaillé & circonſtancié que je ſerai obligé, ſelon
toute apparence, de donner dans quelque temps à la Nation, au
Roi & à l'Aſſemblée Nationale.

pour ne laiſſer ſubſiſter que l'eſclave dévoué à la choſe publique? dans un teſtament enfin où il falloit énoncer ces extraordinaires réſolutions, préparatoires à de plus extraordinaires encore? en indiquer les motifs; en expliquer l'objet; en faire connoître les raiſons; en peſer l'utilité ou la néceſſité; analyſer le ſentiment qui l'inſpire, la volonté qui le dicte, & la loi impérieuſe de s'y ſoumettre ſans regret & ſans délai, quand on a porté toute ſa vie un cœur vraiment dévoué à l'ordre univerſel, à l'intérêt général, & qu'on ſait apprécier en tout notre ſituation préſente?

F I N.

De l'Imprimerie de L. JORRY, Libraire-Imprimeur de Monſeigneur LE DAUPHIN & des ENFANTS DE FRANCE, rue de la Huchette, 1750.